Curso

*La diferencia entre aprobar
y sacar plaza*

Enfermero/a

SERVICIO DE SALUD DEL PRINCIPADO DE ASTURIAS

Si aún no dispones de tu **Curso MAD360**, te ofrecemos un acceso GRATIS de 30 días para que disfrutes de los siguientes recursos:

- Técnicas de Memoria 360.
- MADTEST: Test *online* Nivel PRO.
- Temario en formato digital.
- Planificación de estudio.
- Foro entre opositores hasta la fecha del examen.*
- Recursos y novedades exclusivas.
- Consúltanos sobre tu oposición y proceso selectivo.
- Actualizaciones legislativas (Boletines Oficiales) hasta 60 días antes de la fecha del examen.*

Para acceder a esta prueba del Curso MAD360** será necesaria la compra de todos los libros para esta especialidad de la edición 2025.

Regístrate en **mad.es/iniciar-sesion** y en la pestaña BIBLIOTECA valida los códigos que encuentras en la última página de tus libros.

NOTA IMPORTANTE:

* Examen de esta categoría profesional correspondiente a la convocatoria publicada en el BOPA núm. 90, de 13 de mayo de 2025, o hasta el 31 de julio de 2026, lo que se cumpla antes, y previa renovación del servicio.

** El acceso al CURSO MAD360 estará disponible desde julio de 2025 (algunos recursos podrían estar disponibles en fecha posterior). Tendrá una duración de 30 días RENOVABLES mediante pago, desde la validación de códigos, o hasta el 31 de enero de 2026, lo que se cumpla antes.

MAD se reserva el derecho a ampliar dichas fechas.

Enfermero/a del Servicio de Salud del Principado de Asturias

Julio, 2025

Enfermero/a del Servicio de Salud del Principado de Asturias

Test del Temario

Autores

FRANCISCO JESÚS TORRES FONSECA
Licenciado en Derecho

DOMINGO GÓMEZ MARTÍNEZ
Licenciado en Derecho
Técnico de Función Administrativa

TERESA MARÍA TORRES FONSECA
Licenciada en Derecho

JOSÉ LUIS GARRIDO VELA
Licenciado en Derecho

M.ª JOSÉ GARCÍA BERMEJO
Licenciada en Biología

LUIS SILVA GARCÍA
Diplomado Universitario en Enfermería

M.ª DEL CARMEN SILVA GARCÍA
Diplomada Universitaria en Enfermería

MARÍA SANTAMARTA MARTÍNEZ
Enfermera Especialista Obstétrico-Ginecológica

HERMINIA ANDRADES ROMERO
Diplomada en Fisioterapia

JUAN MANUEL GIL RAMOS
Licenciado en Medicina

© 7 Editores Recursos para la Cualificación Profesional y el Empleo, S.L. (7 Editores)
© Los autores
Primera edición, julio 2025 (306 páginas)
Derechos de edición reservados a favor de 7 Editores
IMPRESO EN ESPAÑA
Diseño Portada: 7 Editores
Edita: 7 Editores
Avda. San Francisco Javier, 9 · Edificio Sevilla 2 · Planta 11 · Módulos 25-27 · 41018 Sevilla
Teléfono: 954 784 411 · WEB: www.mad.es · e-mail: administracion@7editores.com
ISBN: 978-84-142-9625-7
© "Editorial Mad" y "Eduforma" son nombres comerciales registrados de
7 Editores Recursos para la Cualificación Profesional y el Empleo, S.L.

Índice

PARTE GENERAL

PARTE ESPECÍFICA

PARTE GENERAL

TEST N.º 1

La Constitución Española de 1978: El derecho a la protección de la salud en la Constitución. Estatuto de Autonomía del Principado de Asturias: Título Preliminar: de los órganos institucionales del Principado de Asturias (Título II)

1. ¿En qué parte de la Carta Magna se establece la exposición de motivos que impulsan la norma constitucional y los objetivos que con ella se pretenden alcanzar?

a) En el Título Preliminar.
b) En el Preámbulo.
c) En el Título I.
d) En el Título II.

2. La Constitución Española fue sancionada por:

a) El Rey.
b) El Presidente del Congreso.
c) Las Cortes Generales.
d) El Presidente del Gobierno.

3. ¿Cuáles de los siguientes españoles de origen pueden ser privados de su nacionalidad?

a) Exclusivamente los miembros de grupos terroristas.
b) Los miembros de grupos terroristas y los que atenten contra el Rey u otro miembro de la Casa Real.
c) Los que atenten contra un miembro de la Familia Real o del Gobierno de la Nación.
d) Ningún español de origen podrá ser privado de su nacionalidad.

4. Según la CE son fundamentos del orden político y la paz social:

a) La dignidad de la persona, los derechos violables que les son inherentes y el respeto a la ley.
b) La dignidad de la persona, el desarrollo limitado de la personalidad y el respeto a la ley.
c) El respeto a la ley, a los reglamentos administrativos y demás disposiciones legales.
d) La dignidad de la persona, los derechos inviolables que le son inherentes, el libre desarrollo de su personalidad, el respeto a la ley y a los derechos de los demás.

5. ¿Cuál de los siguientes es considerado por la CE como uno de los valores superiores del ordenamiento jurídico?

a) La jerarquía normativa.
b) El pluralismo político.
c) La publicidad normativa.
d) La equidad.

6. La forma política del Estado español es:

a) Democracia parlamentaria.
b) Gobierno parlamentario.
c) Monarquía parlamentaria.
d) República democrática.

7. La parte de la CE que regula la estructura de los principales órganos del Estado recibe el nombre de:

a) Parte dogmática.
b) Parte orgánica.
c) Parte estatal.
d) Parte estructural.

8. Según la CE, la soberanía nacional:

a) Corresponde a las Cortes Generales, al estar compuestas por los representantes del pueblo.
b) Corresponde al Rey.
c) Reside en el pueblo español.
d) Corresponde al Gobierno de la Nación elegido directamente por el pueblo.

9. El derecho a la propiedad en nuestra Constitución es un Derecho:

a) Inherente a la condición humana.
b) Absoluto.
c) Limitado por la función social de la misma.
d) Ninguna de las respuestas anteriores es correcta.

10. ¿En qué parte de la Carta Magna se señalan los valores superiores del ordenamiento jurídico?

a) En el Preámbulo.
b) En el Título Preliminar.
c) En el Título I.
d) Ninguna respuesta es correcta.

11. La Comunidad Autónoma del Principado de Asturias se constituyó a través de la vía:

a) Del artículo 151 CE.
b) Del artículo 155 CE.
c) De la Ley Orgánica 1/99.
d) Del artículo 143 CE.

12. Indica la respuesta correcta respecto a las siguientes afirmaciones que se regulan en el Estatuto de Autonomía del Principado de Asturias:

a) El término del Concejo coincide con la tradicional Parroquia rural.
b) Todas las instituciones oficiales del Principado de Asturias se encuentran en Oviedo.
c) El himno de la Comunidad Autónoma del Principado de Asturias es la canción "Asturias, Patria querida".
d) El Bable es el idioma oficial del Principado de Asturias.

13. El municipio asturiano coincide con la denominación tradicional de:

a) Parroquia.
b) Área metropolitana.
c) Comarca.
d) Concejo.

14. Según el Estatuto de Autonomía de Asturias, gozan de la condición política de asturianos:

a) Cualquiera que tenga vecindad en alguno de los Concejos de Asturias.
b) Los nacidos en Asturias, cualquiera que sea el lugar donde residan.
c) Los ciudadanos españoles que tengan vecindad administrativa en el territorio de la Comunidad.
d) Quienes hayan nacido en Asturias y acrediten esta condición en cualquier Administración Pública de España.

15. Conforme al Estatuto de Autonomía del Principado de Asturias, las disposiciones del Consejo de Gobierno que contienen legislación delegada reciben el título de:

a) Decretos legislativos.
b) Decretos Leyes.
c) Leyes orgánicas.
d) Reglamentos.

16. La Junta General del Principado de Asturias podrá delegar en el Consejo de Gobierno la potestad de:

a) Aprobar las leyes presupuestarias.
b) Dictar leyes y Acuerdos, siempre que estos requieran para su aprobación de mayoría cualificada.

c) Dictar Acuerdos pero no leyes.
d) Dictar normas con rango de ley.

17. La delegación legislativa que realice la Junta General del Principado de Asturias será siempre en favor de:

a) Su Consejo de Gobierno.
b) Su Presidente.
c) Cualquier autoridad de la Comunidad Autónoma.
d) Cualquiera de los miembros que la componen.

18. Según el Estatuto de Autonomía de Asturias, la delegación legislativa cuyo objeto sea la formación de textos articulados deberá otorgarse mediante:

a) Decreto legislativo.
b) Ley de bases.
c) Ley ordinaria.
d) Cualquier disposición, sin forma concreta.

19. Y cuando la delegación legislativa trate de refundir varios textos legales en uno solo, se hará mediante:

a) Acuerdo.
b) Ley de bases.
c) Ley ordinaria.
d) Decreto legislativo.

20. La facultad para oponerse a la tramitación por la Junta General del Principado de Asturias de una proposición de ley o una enmienda contraria a una delegación legislativa en vigor, corresponde:

a) Al Presidente del Principado de Asturias.
b) Al Consejo de Gobierno.
c) A la Junta de Gobierno.
d) Al Presidente y a la Junta de Gobierno, según los casos.

En MADTEST tienes **más preguntas de este tema**, y todos tus avances quedan registrados y se reflejan en el ranking.

¡Supera tus límites con MADTEST!

Solución al test n.º 1

1. b) En el Preámbulo.

2. a) El Rey.

3. d) Ningún español de origen podrá ser privado de su nacionalidad.

4. d) La dignidad de la persona, los derechos inviolables que le son inherentes, el libre desarrollo de su personalidad, el respeto a la ley y a los derechos de los demás.

5. b) El pluralismo político.

6. c) Monarquía parlamentaria.

7. b) Parte orgánica.

8. c) Reside en el pueblo español.

9. c) Limitado por la función social de la misma.

10. b) En el Título Preliminar.

11. d) Del artículo 143 CE.

12. c) El himno de la Comunidad Autónoma del Principado de Asturias es la canción "Asturias, Patria querida".

13. d) Concejo.

14. c) Los ciudadanos españoles que tengan vecindad administrativa en el territorio de la Comunidad.

15. a) Decretos legislativos.

16. d) Dictar normas con rango de ley.

17. a) Su Consejo de Gobierno.

18. b) Ley de bases.

19. c) Ley ordinaria.

20. b) Al Consejo de Gobierno.

TEST N.º 2

Ley 14/1986, de 25 de abril, General de Sanidad. Principios generales (Capítulo I, Título I), estructura del sistema sanitario público (Título III). Ley 41/2002, de 14 de noviembre, básica reguladora de la autonomía del paciente y de derechos y obligaciones en materia de información y documentación clínica. Decreto del Principado de Asturias 51/2019, de 21 de junio, por el que se regulan la historia clínica y otra documentación clínica

1. Qué principio rige la actuación sanitaria según la Ley 41/2002:

a) Equidad asistencial.
b) Autonomía del paciente.
c) Centralización de decisiones.
d) Eficiencia económica.

2. Qué documento garantiza la voluntad del paciente en intervenciones médicas:

a) Hoja de ingreso.
b) Informe de alta.
c) Consentimiento informado.
d) Protocolo de tratamiento.

3. Qué contenido no es obligatorio en la historia clínica según la Ley 41/2002:

a) Exploración física.
b) Hoja de interconsulta.
c) Informe de anestesia.
d) Consentimiento verbal no documentado.

4. Quién puede acceder legalmente a la historia clínica de un paciente fallecido:

a) Cualquier familiar.
b) El personal administrativo del hospital.

c) Personas con interés legítimo.
d) Nadie.

5. Qué órgano de coordinación sanitaria se contempla en la Ley General de Sanidad:

a) Consejo General de Sanidad.
b) Consejo Nacional de la Salud.
c) Consejo Interterritorial del SNS.
d) Instituto Nacional de Gestión Sanitaria.

6. Cuál de los siguientes no es un derecho reconocido por la Ley 41/2002:

a) Ser informado.
b) Confidencialidad de los datos.
c) Recibir copia de la historia clínica.
d) Obligación de donar órganos.

7. Cuál de los siguientes datos puede omitirse del acceso del paciente a su historia clínica:

a) Datos administrativos.
b) Anotaciones subjetivas de los profesionales.
c) Diagnóstico clínico.
d) Plan terapéutico.

8. Qué nivel de asistencia establece la Ley General de Sanidad como base del SNS:

a) Atención hospitalaria.
b) Atención primaria.
c) Atención especializada.
d) Atención concertada.

9. Qué finalidad tiene el consentimiento informado:

a) Facilitar el archivo clínico.
b) Cumplir protocolos administrativos.
c) Asegurar la voluntad libre y consciente del paciente.
d) Obligar al paciente a aceptar el tratamiento.

10. Qué establece la Ley 41/2002 sobre la información clínica en menores:

a) No tienen derecho a ser informados.
b) Solo si tienen más de 18 años.
c) Se informará al menor si es maduro intelectualmente.
d) Solo se informa a los padres.

11. Qué tipo de datos deben protegerse especialmente según la normativa sanitaria y de protección de datos:

a) Datos personales de contacto.
b) Datos económicos.
c) Datos clínicos y de salud.
d) Datos de filiación laboral.

12. Qué norma establece el derecho a la información asistencial del paciente:

a) Ley General de Sanidad.
b) Ley de Protección de Datos.
c) Ley 41/2002.
d) Estatuto Marco del Personal Sanitario.

13. Cuándo puede acceder un tercero a la historia clínica sin consentimiento del paciente:

a) En ningún caso.
b) Por interés académico.
c) En caso de peligro para la salud pública.
d) Si es familiar directo.

14. Cuál es el órgano competente para coordinar las políticas sanitarias entre el Estado y las Comunidades Autónomas:

a) Ministerio de Sanidad.
b) Agencia Española de Medicamentos.
c) Consejo Interterritorial del SNS.
d) INSALUD.

15. En qué casos se puede prescindir del consentimiento informado:

a) Nunca.
b) Cuando hay riesgo para la salud pública.
c) Cuando el paciente lo delegue en el profesional.
d) Cuando el procedimiento es rutinario.

16. Qué componente no forma parte de la estructura funcional del SNS según la Ley General de Sanidad:

a) Áreas de salud.
b) Servicios de atención primaria.
c) Consejos escolares de salud.
d) Zonas básicas de salud.

17. Qué derecho relacionado con el consentimiento reconoce la Ley 41/2002 al paciente:

a) Revocar el consentimiento en cualquier momento.
b) Cederlo a otro paciente.
c) Transferirlo a familiares.
d) Renunciar a toda información médica.

18. Qué finalidad tiene la historia clínica según la Ley 41/2002:

a) Servir como base para estudios de mercado.
b) Constituir un archivo médico-legal.
c) Facilitar la asistencia sanitaria.
d) Justificar los costes hospitalarios.

19. Qué aspecto garantiza la Ley 41/2002 respecto al manejo de datos clínicos por parte de los profesionales sanitarios:

a) El acceso libre para todos los sanitarios.
b) La portabilidad automática.
c) La confidencialidad y limitación de acceso.
d) La publicación parcial en boletines médicos.

20. Qué requisito es imprescindible para que la información clínica sea válida:

a) Que sea entregada en papel.
b) Que se firme en presencia de notario.
c) Que se dé de forma comprensible y adecuada.
d) Que se archive digitalmente.

En MADTEST tienes **más preguntas de este tema**, y todos tus avances quedan registrados y se reflejan en el ranking.

¡Supera tus límites con MADTEST!

Solución al test n.º 2

1. b) Autonomía del paciente.

2. c) Consentimiento informado.

3. d) Consentimiento verbal no documentado.

4. c) Personas con interés legítimo.

5. c) Consejo Interterritorial del SNS.

6. d) Obligación de donar órganos.

7. b) Anotaciones subjetivas de los profesionales.

8. b) Atención primaria.

9. c) Asegurar la voluntad libre y consciente del paciente.

10. c) Se informará al menor si es maduro intelectualmente.

11. c) Datos clínicos y de salud.

12. c) Ley 41/2002.

13. c) En caso de peligro para la salud pública.

14. c) Consejo Interterritorial del SNS.

15. b) Cuando hay riesgo para la salud pública.

16. c) Consejos escolares de salud.

17. a) Revocar el consentimiento en cualquier momento.

18. c) Facilitar la asistencia sanitaria.

19. c) La confidencialidad y limitación de acceso.

20. c) Que se dé de forma comprensible y adecuada.

TEST N.º 3

Ley 16/2003, de 28 de mayo, de Cohesión y Calidad del Sistema Nacional de Salud: Disposiciones generales, prestaciones (Capítulo I), sistema de información sanitaria (Capítulo V) el Consejo Interterritorial de Salud (Capítulo X). Ley 44/2003, de 21 de noviembre, de Ordenación de las Profesiones Sanitarias: Normas generales, el ejercicio de las profesiones sanitarias (Título I); La formación de las profesiones sanitarias (Título II)

1. ¿Quién realiza las acciones de coordinación y cooperación de las Administraciones Públicas sanitarias?

a) El Consejo Interterritorial.
b) La Alta Inspección.
c) Son correctas las opciones a y b.
d) Ninguna es correcta.

2. Las acciones de coordinación y cooperación de las Administraciones Públicas sanitarias, no comprenderán:

a) Las prestaciones sanitarias.
b) La farmacia.
c) Los profesionales.
d) La salud privada.

3. La cohesión y calidad del Sistema Nacional de Salud, se aprobó por ley, en el año:

a) 2002.
b) 2003.
c) 2004.
d) 2005.

4. ¿De cuántos Capítulos consta la Ley de Cohesión y Calidad del Sistema Nacional de Salud?

a) Once.
b) Diez.
c) Nueve.
d) Ocho.

5. ¿Al amparo de qué artículo de la Constitución se dicta la Ley de Cohesión y Calidad del Sistema Nacional de Salud?

a) 143.
b) 141.
c) 149.
d) Ninguna es correcta.

6. ¿Qué título de la Ley 44/2003, de 21 de noviembre, de ordenación de las profesiones sanitarias, regula el desarrollo profesional y su reconocimiento?

a) El título II.
b) El título III.
c) El título IV.
d) El título V.

7. ¿Qué título de la Ley 44/2003, de 21 de noviembre, de ordenación de las profesiones sanitarias, regula el ejercicio profesional en el ámbito privado?

a) El título II.
b) El título III.
c) El título IV.
d) El título V.

8. Señalar la opción incorrecta. El objeto de la Ley 44/2003 es regular los aspectos básicos de las profesiones sanitarias tituladas en lo que se refiere a:

a) La participación de los profesionales en la planificación y ordenación de las profesiones sanitarias.
b) Su ejercicio por cuenta propia o ajena.
c) La estructura general de la formación de los profesionales.
d) El acceso de los profesionales a la sanidad pública.

9. Las disposiciones de la Ley 44/2003 son aplicables:

a) Solo a los profesionales que ejercen en los servicios sanitarios públicos.
b) Tanto si la profesión se ejerce en los servicios sanitarios públicos como en el ámbito de la sanidad privada.

c) Solo a los profesionales que ejerzan en el ámbito de la sanidad privada.

d) A los profesionales que ejercen en los servicios sanitarios públicos y a los que ejerzan en el ámbito de la sanidad privada por cuenta ajena; pero no a los que ejerzan en la sanidad privada por cuenta propia.

10. El artículo 2.º núm. 2-A) de la Ley 44/2003, de 21 de noviembre de Ordenación de las Profesiones Sanitarias, define como profesiones sanitarias de nivel de Licenciado universitario las siguientes:

a) Licenciados en Medicina, en Farmacia, en Odontología, y los licenciados especialistas en Ciencias de la Salud.

b) Licenciados en Medicina, en Farmacia, en Odontología, en Veterinaria, y los licenciados especialistas en Ciencias de la Salud.

c) Licenciados en Medicina, en Farmacia, en Veterinaria, y los licenciados especialistas en Ciencias de la Salud.

d) Licenciados en Medicina, en Farmacia, en Odontología, Psicólogos Clínicos, y los licenciados especialistas en Ciencias de la Salud.

11. Se podrá declarar formalmente el carácter de profesión sanitaria, titulada y regulada, de una determinada actividad no prevista en el artículo 2.º de la Ley 44/2003, mediante:

a) Una norma con rango de ley.

b) Real Decreto.

c) Orden del Ministerio de Sanidad.

d) Orden del Ministerio de Educación.

12. Los profesionales del área sanitaria de formación profesional se estructuran en los siguientes grupos:

a) Grupo I, Grupo II y Grupo III.

b) Nivel 1 y Nivel 2.

c) Grado Superior y Grado Medio.

d) Grupo A1, Grupo A2 y Grupo C1.

13. Los profesionales sanitarios a lo largo de su vida profesional deberán:

a) Acreditar su servicio a la sociedad.

b) Dedicar parte de su vida profesional a la investigación.

c) Realizar una formación continuada.

d) Certificar conocimientos de las últimas técnicas y procedimientos de su especialidad.

14. Es un principio general del ejercicio de las profesiones sanitarias:

a) La amplia autonomía técnica y científica.

b) La participación pasiva.

c) La conveniencia de la posesión de un título oficial.

d) El libre ejercicio de la profesión.

15. Señalar la opción incorrecta en relación al ejercicio de la profesión sanitaria:

a) Existirá formalización escrita de su trabajo reflejada en una historia clínica que deberá ser común para cada centro y única para cada paciente atendido en él.

b) La eficacia organizativa de los servicios, secciones y equipos, o unidades asistenciales equivalentes sea cual sea su denominación, requerirá la existencia escrita de normas de funcionamiento interno y la definición de objetivos y funciones tanto generales como específicas para cada miembro del mismo.

c) La continuidad asistencial de los pacientes, tanto la de aquellos que sean atendidos por distintos profesionales y especialistas dentro del mismo centro como la de quienes lo sean en diferentes niveles, requerirá en cada ámbito asistencial la existencia de procedimientos, protocolos de elaboración conjunta e indicadores para asegurar esta finalidad.

d) Los protocolos deberán ser utilizados de forma obligatoria, como guía de actuación para todos los profesionales de un equipo, y serán regularmente actualizados con la participación de aquellos que los deben aplicar.

16. Atendiendo al artículo 5 de la Ley 44/2003, no es uno de los principios generales referentes a la relación entre los profesionales sanitarios y de las personas atendidas por ellos:

a) Los profesionales tienen el deber de hacer un uso racional de los recursos diagnósticos y terapéuticos a su cargo.

b) Los profesionales tienen el deber de respetar la personalidad, dignidad e intimidad de las personas a su cuidado y deben respetar la participación de los mismos en las tomas de decisiones que les afecten.

c) Los profesionales tienen derecho a la libre aceptación de los pacientes a los que les corresponde atender.

d) Los profesionales y los responsables de los centros sanitarios facilitarán a sus pacientes el ejercicio del derecho a conocer el nombre, la titulación y la especialidad de los profesionales sanitarios que les atienden.

17. ¿A quién corresponde la indicación y realización de las actividades dirigidas a la promoción y mantenimiento de la salud?

a) A los licenciados en Medicina.

b) A los diplomados universitarios en Enfermería.

c) A los diplomados universitarios en Terapia Ocupacional.

d) A los licenciados en Farmacia.

18. Los centros sanitarios revisarán que los profesionales sanitarios de su plantilla cumplen los requisitos necesarios para ejercer la profesión, como mínimo:

a) Cada 2 años.

b) Cada 3 años.

c) Cada 4 años.
d) Cada 5 años.

19. Según la Ley 44/2003, la unidad básica en la que se estructuran de forma uni o multiprofesional e interdisciplinar los profesionales y demás personal de las organizaciones asistenciales para realizar efectiva y eficientemente los servicios que les son requeridos, es:

a) La unidad de gestión clínica.
b) El Colegio Profesional.
c) El equipo de profesionales.
d) La cartera de servicios.

20. Señalar la opción incorrecta. La atención sanitaria integral, supone:

a) La cooperación multidisciplinaria.
b) La integración de los procesos.
c) La continuidad asistencial.
d) La superposición entre procesos asistenciales atendidos por distintos titulados o especialistas.

En MADTEST tienes **más preguntas de este tema**, y todos tus avances quedan registrados y se reflejan en el ranking.

¡Supera tus límites con MADTEST!

Solución al test n.º 3

1. c) Son correctas las opciones a y b.

2. d) La salud privada.

3. b) 2003.

4. a) Once.

5. c) 149.

6. b) El título III.

7. c) El título IV.

8. d) El acceso de los profesionales a la sanidad pública.

9. b) Tanto si la profesión se ejerce en los servicios sanitarios públicos como en el ámbito de la sanidad privada.

10. b) Licenciados en Medicina, en Farmacia, en Odontología, en Veterinaria, y los licenciados especialistas en Ciencias de la Salud.

11. a) Una norma con rango de ley.

12. c) Grado Superior y Grado Medio.

13. c) Realizar una formación continuada.

14. d) El libre ejercicio de la profesión.

15. d) Los protocolos deberán ser utilizados de forma obligatoria, como guía de actuación para todos los profesionales de un equipo, y serán regularmente actualizados con la participación de aquellos que los deben aplicar.

16. c) Los profesionales tienen derecho a la libre aceptación de los pacientes a los que les corresponde atender.

17. a) A los licenciados en Medicina.

18. b) Cada 3 años.

19. c) El equipo de profesionales.

20.d) La superposición entre procesos asistenciales atendidos por distintos titulados o especialistas.

TEST N.º 4

Real Decreto Legislativo 5/2015, de 30 de octubre por el que se aprueba el texto refundido de la Ley del Estatuto Básico del Empleado Público. Clases de personal al servicio de las Administraciones Públicas (Título II). Representación, participación y negociación colectiva (Capítulo IV –Título III). Código de conducta de los empleados públicos (Capítulo VI-Título III)

1. De qué forma se aprobó la vigente Ley del Estatuto Básico del Empleado Público:

a) Por una Ley Orgánica.
b) Mediante un Texto Refundido.
c) Mediante una Ley de Bases.
d) Por un Real Decreto-Ley.

2. El vigente texto refundido de la Ley del Estatuto Básico del Empleado Público fue aprobado por:

a) Real Decreto Legislativo 5/2015, de 30 de octubre.
b) Real Decreto Legislativo 2/2015, de 23 de octubre.
c) Real Decreto Legislativo 3/2015, de 23 de octubre.
d) Real Decreto Legislativo 6/2015, de 30 de octubre.

3. El empleo en el sector público se caracteriza por estar configurado por un modelo:

a) Unitario de personal funcionario.
b) Unitario de personal estatutario.
c) Dual de regímenes jurídicos, personal funcionario y personal laboral.
d) De tres regímenes jurídicos, personal funcionario, personal laboral y personal de designación.

4. El EBEP contiene:

a) Aquello que es común al conjunto de los empleados públicos de todas las Administraciones Públicas.

b) Las normas legales específicas aplicables a los empleados públicos de todas las Administraciones Públicas.

c) Aquello que es común al conjunto de los funcionarios de todas las Administraciones Públicas, más las normas legales específicas aplicables al personal laboral a su servicio.

d) Aquello que es común al conjunto del personal laboral de todas las Administraciones Públicas, más las normas legales específicas aplicables al personal funcionario a su servicio.

5. Se regirá por la legislación específica dictada por el Estado y por las comunidades autónomas en el ámbito de sus respectivas competencias y por lo previsto en el EBEP, excepto el capítulo II del título III (salvo el artículo 20), y los artículos 22.3, 24 y 84:

a) El personal funcionario de las Universidades Públicas.

b) El personal funcionario y en lo que proceda el personal laboral al servicio de las Administraciones de las entidades locales.

c) El personal estatutario de los servicios de salud.

d) El personal funcionario y laboral al servicio de las Administraciones de las comunidades autónomas.

6. Para todo el personal de las Administraciones Públicas no incluido en su ámbito de aplicación, el EBEP tendrá carácter:

a) Consultivo.
b) Voluntario.
c) Supletorio.
d) Interpretativo.

7. Las disposiciones del EBEP sólo se aplicarán directamente cuando así lo disponga su legislación específica al siguiente personal:

a) El personal funcionario de las entidades locales.
b) El personal estatutario de los Servicios de Salud.
c) Personal de las Fuerzas y Cuerpos de Seguridad.
d) El personal docente.

8. Es un principio de actuación del EBEP:

a) La jerarquía en la atribución, ordenación y desempeño de las funciones y tareas.
b) La negociación en la atribución, ordenación y desempeño de las funciones y tareas.
c) La participación en la atribución, ordenación y desempeño de las funciones y tareas.
d) La promoción en la atribución, ordenación y desempeño de las funciones y tareas.

9. Según el art. 4 del TREBEP ¿Qué personal no tiene legislación específica propia?

a) Las Cortes Generales.
b) El personal del Centro Nacional de Inteligencia.
c) Las Universidades públicas.
d) Personal militar de las Fuerzas Armadas.

10. El artículo 8 del Texto Refundido de la Ley del Estatuto Básico del Empleado Público, aprobado por el Real Decreto Legislativo 5/2015, de 30 de octubre, define como aquellos quienes desempeñan funciones retribuidas en las Administraciones Públicas al servicio de los intereses generales:

a) A los Funcionarios públicos.
b) A los Empleados públicos.
c) Al Personal laboral de las Administraciones Públicas.
d) Al personal estatutario.

11. Basándonos en el artículo 8 del Texto Refundido de la Ley del Estatuto Básico del Empleado Público, no es una clase de empleado público:

a) Funcionario de carrera.
b) Personal laboral.
c) Funcionario interino.
d) Funcionario eventual.

12. Corresponden en exclusiva a los funcionarios públicos, en los términos que en la ley de desarrollo de cada Administración Pública se establezca, el ejercicio de las funciones que impliquen la participación directa o indirecta:

a) En el archivo y documentación de información administrativa.
b) En tareas administrativas.
c) En el ejercicio de las potestades públicas.
d) En las tareas directivas.

13. Los funcionarios de carrera son aquellos quienes, en virtud de nombramiento legal, están vinculados a una Administración Pública por una relación estatutaria regulada por:

a) El Derecho Laboral.
b) El Derecho Administrativo.
c) El Derecho Civil.
d) El Derecho Constitucional.

14. Las leyes de Función Pública que se dicten en desarrollo del EBEP podrán prever el nombramiento de personal interino para la ejecución de programas de carácter temporal con una duración de hasta:

a) 2 años.
b) 3 años.
c) 4 años.
d) 5 años.

15. ¿Es aplicable a los funcionarios interinos el régimen general de los funcionarios de carrera?

a) Sí, en todo caso; independientemente de que el nombramiento tenga o no carácter extraordinario y urgente.
b) No, en ningún caso. Tienen su propio régimen general.
c) Sí, en cuanto sea adecuado a la naturaleza de su condición y al carácter extraordinario y urgente de su nombramiento, salvo aquellos derechos inherentes a la condición de funcionario de carrera.
d) No, se rigen por un convenio colectivo de carácter estatal.

16. Podrá nombrarse personal funcionario interino para la ejecución de programas de carácter temporal, que no podrán tener una duración:

a) Inferior a 3 años.
b) Superior a 2 años, ampliable hasta doce meses más por las leyes de Función Pública que se dicten en desarrollo del TR-LEBEP.
c) Superior a 3 años, ampliable hasta doce meses más por las leyes de Función Pública que se dicten en desarrollo del TR-LEBEP.
d) Superior a 6 meses, dentro de un periodo de doce meses.

17. Los funcionarios interinos serán nombrados por razones expresamente justificadas de necesidad y:

a) Economía.
b) Eficacia.
c) Urgencia.
d) Calidad.

18. Según el artículo 11 del Estatuto Básico del Empleado Público, el personal laboral, en función de la duración del contrato, podrá ser (señalar la opción incorrecta):

a) Temporal.
b) Por tiempo indefinido.
c) Fijo.
d) Eventual.

19. Es personal eventual el que, en virtud de nombramiento y con carácter no permanente, solo realiza funciones expresamente calificadas como de confianza o:

a) Representación política.
b) Asesoramiento especial.
c) Gran responsabilidad.
d) Dirección delegada.

20. En todo caso, el personal eventual cesará:

a) Cuando transcurran 4 años ininterrumpidos desde su nombramiento.
b) Cuando concluya la tarea por la que fue designado.
c) Cuando se produzca el cese de la autoridad a la que se preste la función de confianza o asesoramiento.
d) Cuando exista personal funcionario de carrera que pueda ejercer sus funciones.

En MADTEST tienes **más preguntas de este tema**, y todos tus avances quedan registrados y se reflejan en el ranking.

¡Supera tus límites con MADTEST!

Solución al test n.º 4

1. b) Mediante un Texto Refundido.

2. a) Real Decreto Legislativo 5/2015, de 30 de octubre.

3. c) Dual de regímenes jurídicos, personal funcionario y personal laboral.

4. c) Aquello que es común al conjunto de los funcionarios de todas las Administraciones Públicas, más las normas legales específicas aplicables al personal laboral a su servicio.

5. c) El personal estatutario de los servicios de salud.

6. c) Supletorio.

7. c) Personal de las Fuerzas y Cuerpos de Seguridad.

8. a) La jerarquía en la atribución, ordenación y desempeño de las funciones y tareas.

9. c) Las Universidades públicas.

10. b) A los Empleados públicos.

11. d) Funcionario eventual.

12. c) En el ejercicio de las potestades públicas.

13. b) El Derecho Administrativo.

14. c) 4 años.

15. c) Sí, en cuanto sea adecuado a la naturaleza de su condición y al carácter extraordinario y urgente de su nombramiento, salvo aquellos derechos inherentes a la condición de funcionario de carrera.

16. c) Superior a 3 años, ampliable hasta doce meses más por las leyes de Función Pública que se dicten en desarrollo del TR-LEBEP.

17. c) Urgencia.

18. d) Eventual.

19. b) Asesoramiento especial.

20. c) Cuando se produzca el cese de la autoridad a la que se preste la función de confianza o asesoramiento.

TEST N.º 5

Ley 55/2003, de 16 de diciembre, del Estatuto Marco del Personal Estatutario de los Servicios de Salud: objeto y ámbito de aplicación; clasificación de personal estatutario; titulación, funciones, tipo de nombramiento. Derechos y deberes; situaciones; incompatibilidades; régimen disciplinario. Decreto 7/2013, de 16 de enero, por el que se regula el tiempo de trabajo y el régimen de descansos en el ámbito de los centros e instituciones del Servicio de Salud del Principado de Asturias

1. El Estatuto Marco del Personal Estatutario de los Servicios de Salud está regulado por:

a) Una Ley orgánica.
b) Una Ley ordinaria.
c) Un Real Decreto.
d) Un Reglamento.

2. El Estatuto Marco considera al personal estatutario como titular de una relación:

a) Funcionarial común.
b) Laboral común.
c) Estatutaria de la Seguridad Social.
d) Funcionarial especial.

3. El personal estatutario con nombramiento expedido para el desempeño de funciones de gestión o para el desempeño de profesiones u oficios que no tengan carácter sanitario se denomina:

a) Personal universitario.
b) Personal de gestión y servicios.
c) Personal directivo.
d) Personal administrativo.

4. Según establece el art. 8 de la Ley 55/2003, de 16 de diciembre, del Estatuto Marco de los Servicios de Salud, es personal estatutario fijo:

a) El que, una vez superado el correspondiente proceso selectivo, obtiene un nombramiento para el desempeño, con carácter permanente, de las funciones que de tal nombramiento se deriven.

b) Todo el personal al servicio de los Servicios de Salud.

c) El personal que realice una prestación de servicios determinados de naturaleza temporal, coyuntural o extraordinaria.

d) El personal en posesión de un contrato laboral indefinido.

5. Conforme a lo dispuesto en el artículo 2.2 de la Ley 55/2003, de 16 de diciembre, del Estatuto Marco del personal estatutario de los servicios de salud, en lo no previsto en la misma serán aplicables al personal estatutario:

a) Las disposiciones y principios generales sobre función pública de la Administración correspondiente.

b) Las disposiciones de derecho laboral, dictadas al amparo del artículo 149.1.7º de la Constitución.

c) Las disposiciones sobre función pública de la Administración del Estado, en todo caso, conforme a lo dispuesto en el artículo 149.3 de la Constitución.

d) El convenio colectivo del personal laboral al servicio de la Administración correspondiente.

6. Conforme al artículo 6.2 de la Ley 55/2003, de 16 de diciembre, del Estatuto Marco del personal estatutario de los servicios de salud, atendiendo al nivel académico del título exigido para el ingreso, el personal estatutario sanitario de formación profesional se divide en:

a) Técnicos sanitarios y Auxiliares de Enfermería.

b) Técnicos superiores y Técnicos.

c) Técnicos superiores y Técnicos de gestión.

d) Técnicos especialistas y Técnicos.

7. La categoría profesional de Celador está comprendida dentro del grupo de:

a) Personal de gestión y servicios.

b) Personal no estatutario.

c) Personal estatutario sanitario.

d) Personal estatutario de formación profesional.

8. Es personal Estatutario Sanitario:

a) El que ejerce una profesión o especialidad sanitaria.

b) El que ostenta esta condición en virtud de nombramiento expedido para el ejercicio de una profesión o especialización sanitaria.

c) El que desempeña una categoría clasificada como sanitaria.

d) Quien ejerza una profesión sanitaria sin ostentar la condición de funcionario.

9. El personal Estatutario de Gestión y Servicio se clasifica en función del título exigido para el ingreso en:

a) Personal de formación universitaria, personal de formación personal y otro personal.

b) Personal universitario, personal de formación profesional y personal subalterno.

c) Personal licenciado universitario, personal de administración y personal auxiliar.

d) Ninguna es correcta.

10. No constituye un derecho individual del personal estatutario:

a) La estabilidad en el empleo.

b) La movilidad voluntaria.

c) El descanso necesario.

d) La negociación colectiva.

11. El régimen de derechos del personal estatutario será aplicable al personal temporal:

a) En la medida en que la naturaleza del derecho lo permita.

b) En todo caso.

c) En ningún caso.

d) Solo cuando así se establezca en su nombramiento.

12. En relación con los derechos y deberes regulados en el Estatuto Marco, no se considera un derecho colectivo:

a) La huelga.

b) La actividad sindical.

c) La reunión.

d) La estabilidad en el empleo.

13. El personal estatutario de los servicios de salud tiene el deber de:

a) Participar en la elaboración de los convenios colectivos.

b) Realizar sus funciones fuera del horario y jornada habitual.

c) Realizar actividades sindicales.

d) Respetar la Constitución, el Estatuto de Autonomía correspondiente y el resto del ordenamiento jurídico.

14. Según el Estatuto Marco del Personal Estatutario de los Servicios de Salud, ¿cuál de los siguientes es un derecho colectivo?

a) Derecho a la percepción puntual de las retribuciones e indemnizaciones por razón del servicio en cada caso establecidas.

b) Derecho a la libre sindicación.

c) Derecho a la movilidad voluntaria, promoción interna y desarrollo profesional, en la forma en que prevean las disposiciones en cada caso aplicables.

d) Derecho a la jubilación en los términos y condiciones establecidas en las normas en cada caso aplicables.

15. Son faltas muy graves:

a) La falta de obediencia debida a los superiores.

b) El acoso sexual, cuando el sujeto activo del acoso cree con su conducta un entorno laboral intimidatorio, hostil o humillante para la persona que es objeto del mismo.

c) El incumplimiento del deber de respeto a la Constitución o al respectivo Estatuto de Autonomía en el ejercicio de sus funciones.

d) La aceptación de cualquier tipo de contraprestación por los servicios prestados a los usuarios de los Servicios de Salud.

16. El funcionario sancionado con la separación del servicio no podrá concurrir a las pruebas de selección para la obtención de la condición de personal estatutario fijo, ni prestar servicios como personal estatutario temporal, durante:

a) Los 6 años siguientes.

b) Los 5 años siguientes.

c) Los 10 años siguientes.

d) La separación del servicio es definitiva.

17. Cuando la suspensión de funciones se imponga por falta muy grave, no podrá superar:

a) Los seis años.

b) Los diez años.

c) Los doce años.

d) Los quince años.

18. Según el Estatuto Marco, las faltas graves prescribirán:

a) Al año.

b) A los dos años.

c) A los tres años.

d) A los cuatro años.

19. Según el Estatuto Marco, las sanciones impuestas por faltas leves prescribirán:

a) Al mes.

b) A los tres meses.

c) A los seis meses.

d) Al año.

20. Las sanciones disciplinarias firmes que se impongan al personal estatutario se anotarán en su expediente personal. Las anotaciones por sanciones impuestas por faltas leves se cancelarán de oficio, desde el cumplimiento de la sanción, a:

a) Los 3 meses.
b) Los 6 meses.
c) El año.
d) Los 2 años.

En MADTEST tienes **más preguntas de este tema**, y todos tus avances quedan registrados y se reflejan en el ranking.

¡Supera tus límites con MADTEST!

Solución al test n.º 5

1. b) Una Ley ordinaria.

2. d) Funcionarial especial.

3. b) Personal de gestión y servicios.

4. a) El que, una vez superado el correspondiente proceso selectivo, obtiene un nombramiento para el desempeño, con carácter permanente, de las funciones que de tal nombramiento se deriven.

5. a) Las disposiciones y principios generales sobre función pública de la Administración correspondiente.

6. b) Técnicos superiores y Técnicos.

7. a) Personal de gestión y servicios.

8. b) El que ostenta esta condición en virtud de nombramiento expedido para el ejercicio de una profesión o especialización sanitaria.

9. a) Personal de formación universitaria, personal de formación personal y otro personal.

10. d) La negociación colectiva.

11. a) En la medida en que la naturaleza del derecho lo permita.

12. d) La estabilidad en el empleo.

13. d) Respetar la Constitución, el Estatuto de Autonomía correspondiente y el resto del ordenamiento jurídico.

14. b) Derecho a la libre sindicación.

15. c) El incumplimiento del deber de respeto a la Constitución o al respectivo Estatuto de Autonomía en el ejercicio de sus funciones.

16. a) Los 6 años siguientes.

17. a) Los seis años.

18. b) A los dos años.

19. c) A los seis meses.

20. b) Los 6 meses.

TEST N.º 6

Ley 31/1995 de 8 de noviembre, de Prevención de Riesgos Laborales: Objeto, ámbito de aplicación y definiciones (Capítulo I) Derechos y obligaciones. Servicios de Prevención. Consulta y participación de los trabajadores. Salud Laboral: Concepto. Condiciones físico-ambientales del trabajo. Accidentes de riesgo biológico. Enfermedades profesionales de mayor incidencia actualmente en la población española

1. Los representantes de los trabajadores con competencia en materia de prevención de riesgos laborales son:

a) Los miembros de la Junta de personal, Junta Facultativo y Junta de Enfermería.
b) Los técnicos de prevención de riesgos laborales.
c) El Servicio de Medicina Preventiva.
d) Los delegados de prevención.

2. Qué se entiende por "riesgo laboral":

a) La posibilidad de que un trabajador sufra un determinado daño derivado del trabajo.
b) La posibilidad de que un trabajador sufra una enfermedad en el trabajo.
c) La posibilidad de que un trabajador sufra acoso.
d) El riesgo que supone el ir a trabajar.

3. ¿Quién debe garantizar a los trabajadores la vigilancia periódica de su estado de salud en función de los riesgos inherentes al trabajo?

a) La Inspección de Trabajo.
b) El propio trabajador.
c) El empresario.
d) Las secciones sindicales.

4. El derecho básico reconocido a los trabajadores por la Ley 31/1995, de 8 de noviembre, es:

a) La vigilancia de su estado de salud.
b) Una protección eficaz en materia de seguridad y salud en el trabajo.

c) La formación en materia preventiva.

d) La información, consulta y participación.

5. Indica cuál es la definición de prevención:

a) La probabilidad racional de que un riesgo se materialice de forma inminente.

b) El estudio de los procesos potencialmente peligrosos para el trabajo.

c) Conjunto de actividades o medidas adoptadas o previstas en todas las fases de actividad de la empresa con el fin de evitar o disminuir los riesgos derivados del trabajo.

d) Posibilidad de que un trabajador sufra un determinado daño derivado del trabajo.

6. Señale la respuesta incorrecta:

a) La Ley de Prevención de Riesgos Laborales se aplica a los operativos de Seguridad civil en casos de catástrofe.

b) La Ley de Prevención de Riesgos Laborales se aplica a las sociedades cooperativas.

c) En el ámbito de la relación laboral de carácter especial del servicio del hogar familiar, las personas trabajadoras tienen derecho a una protección eficaz en materia de seguridad y salud en el trabajo.

d) En los establecimientos penitenciarios, se adaptarán a la Ley de Prevención de Riesgos Laborales aquellas actividades cuyas características justifiquen una regulación especial.

7. ¿Cuál es la vigente Ley de Prevención de Riesgos Laborales?

a) Ley 32/1995, de 8 de noviembre.

b) Ley 30/1996, de 8 de noviembre.

c) Ley 31/1995, de 6 de noviembre.

d) Ley 31/1995, de 8 de noviembre

8. Entre los principios de la acción preventiva recogidos por el artículo 15 de la Ley de Prevención de Riesgos Laborales, no figura:

a) Evitar los riesgos.

b) Evaluar los riesgos que se puedan evitar.

c) Tener en cuenta la evolución de la técnica.

d) Dar las debidas instrucciones a los trabajadores.

9. ¿Cuántos delegados de prevención se deberán elegir en empresas entre 3001 y 4000 trabajadores?

a) 5.

b) 6.

c) 7.

d) 8.

10. En las empresas de hasta 30 trabajadores el Delegado de Prevención será:

a) El propio empresario.
b) El trabajador más antiguo.
c) El trabajador de mayor cualificación.
d) El delegado de personal.

11. Entre las obligaciones de los trabajadores recogidas por la Ley de Prevención de Riesgos Laborales, no figura:

a) Informar directamente al empresario de cualquier situación que entrañe riesgo para la seguridad o salud de los trabajadores.
b) Contribuir al cumplimiento de las obligaciones establecidas por la autoridad competente con el fin de proteger la seguridad y la salud de los trabajadores en el trabajo.
c) Cooperar con el empresario para que éste pueda garantizar unas condiciones de trabajo que sean seguras y no entrañen riesgos para la seguridad y la salud de los trabajadores.
d) Utilizar correctamente los medios y equipos de protección facilitados por el empresario, de acuerdo con las instrucciones recibidas de éste.

12. El empresario deberá constituir un servicio de prevención propio siempre que se trate de empresas que cuenten con:

a) Más de 500 trabajadores.
b) Menos de 250 trabajadores.
c) Más de 250 trabajadores.
d) Más de 250 y menos de 500 trabajadores.

13. Cuando los trabajadores estén expuestos a un riesgo grave e inminente con ocasión de su trabajo, y el empresario no adopte o no permita la adopción de las medidas necesarias para garantizar la seguridad y la salud de los trabajadores, la Ley 31/1995, de 8 de noviembre, de Prevención de Riesgos Laborales prevé:

a) Los trabajadores afectados podrán paralizar la actividad.
b) El órgano de representación del personal instará formalmente al empresario a la adopción de las medidas necesarias.
c) Los Delegados de Prevención lo comunicarán a la autoridad laboral, que adoptará las medidas necesarias.
d) El órgano de representación de personal podrá acordar la paralización de la actividad.

14. Según establece el art. 4 de la Ley 31/1995, de 8 de noviembre, de Prevención de Riesgos Laborales, se define como daños derivados del trabajo:

a) La posibilidad de que un trabajador sufra un determinado daño derivado del trabajo.
b) El que resulte probable racionalmente que se materialice en un futuro inmediato y pueda suponer y pueda suponer un daño grave para la salud de los trabajadores.
c) Las enfermedades, patologías o lesiones sufridas con motivo u ocasión del trabajo.
d) Cualquier máquina, aparato, instrumento o instalación utilizada en el trabajo.

15. Según recoge el artículo 4 de la Ley 31/1995, quedan específicamente inclui-das en la definición de condición de trabajo:

a) Las características particulares de los locales, instalaciones, equipos, productos y demás útiles existentes en el centro de trabajo.

b) La naturaleza de los agentes físicos, químicos y biológicos presentes en el ambiente de trabajo y sus correspondientes intensidades, concentraciones o niveles de presencia.

c) Los procedimientos para la utilización de los agentes citados anteriormente que no influyan en la generación de los riesgos mencionados.

d) Todas aquellas otras características del trabajo, excluidas las relativas a su organización y ordenación, que influyan en la magnitud de los riesgos a que esté expuesto el trabajador.

16. Los instrumentos esenciales para la gestión y aplicación del Plan de preven-ción de riesgos laborales son:

a) La evaluación de riesgos y la planificación de la actividad preventiva.

b) La evaluación inicial de riesgos y la formación.

c) La planificación y la gestión de la actividad preventiva.

d) La identificación y la evaluación de los riesgos.

17. El posible cambio de puesto de trabajo con riesgo para una trabajadora embarazada:

a) Deberá realizarse en caso de imposibilidad de adaptación del propio puesto.

b) Se hará previo informe en tal sentido del Servicio de Prevención.

c) Se determinará por el empresario, y dará información a los representantes de los trabajadores.

d) Se extenderá al período de lactancia.

18. La prevención de riesgos laborales deberá integrarse en el sistema general de gestión de la empresa a través de:

a) La política preventiva.

b) El plan de prevención.

c) El consenso de las partes.

d) El poder de decisión del empresario.

19. El objeto y carácter de la norma de la Ley 31/95 de Prevención de Riesgos Laborales dice:

a) La presente Ley tiene por objeto promover la salud de los trabajadores mediante la aplicación de medidas y el desarrollo de las actividades necesarias para la prevención de riesgos derivados del trabajo.

b) La presente Ley tiene por objeto promover la seguridad y la salud de los trabajado-res mediante la aplicación de medidas y el desarrollo de las actividades necesarias para la prevención de riesgos derivados del trabajo.

c) La presente Ley tiene por objeto promover la seguridad de los trabajadores mediante la aplicación de medidas y el desarrollo de las actividades necesarias para la prevención de riesgos derivados del trabajo.

d) La presente Ley tiene por objeto promover la seguridad, la salud de los trabajadores y la negociación entre empresa y delegados de prevención, mediante la aplicación de medidas y el desarrollo de las actividades necesarias para la prevención de riesgos derivados del trabajo.

20. ¿Cuándo se deben utilizar los equipos de protección individual?

a) Siempre.
b) Cuando los riesgos no hayan sido evaluados.
c) Cuando los riesgos no se puedan evitar o no puedan limitarse.
d) Cuando el trabajador lo estime oportuno.

En MADTEST tienes **más preguntas de este tema**, y todos tus avances quedan registrados y se reflejan en el ranking.

¡Supera tus límites con MADTEST!

Solución al test n.º 6

1. d) Los delegados de prevención.

2. a) La posibilidad de que un trabajador sufra un determinado daño derivado del trabajo.

3. c) El empresario.

4. b) Una protección eficaz en materia de seguridad y salud en el trabajo.

5. c) Conjunto de actividades o medidas adoptadas o previstas en todas las fases de actividad de la empresa con el fin de evitar o disminuir los riesgos derivados del trabajo.

6. a) La Ley de Prevención de Riesgos Laborales se aplica a los operativos de Seguridad civil en casos de catástrofe.

7. d) Ley 31/1995, de 8 de noviembre

8. b) Evaluar los riesgos que se puedan evitar.

9. c) 7.

10. d) El delegado de personal.

11. a) Informar directamente al empresario de cualquier situación que entrañe riesgo para la seguridad o salud de los trabajadores.

12. a) Más de 500 trabajadores.

13. d) El órgano de representación de personal podrá acordar la paralización de la actividad.

14. c) Las enfermedades, patologías o lesiones sufridas con motivo u ocasión del trabajo.

15. b) La naturaleza de los agentes físicos, químicos y biológicos presentes en el ambiente de trabajo y sus correspondientes intensidades, concentraciones o niveles de presencia.

16. a) La evaluación de riesgos y la planificación de la actividad preventiva.

17. a) Deberá realizarse en caso de imposibilidad de adaptación del propio puesto.

18. b) El plan de prevención.

19. b) La presente Ley tiene por objeto promover la seguridad y la salud de los trabajadores mediante la aplicación de medidas y el desarrollo de las actividades necesarias para la prevención de riesgos derivados del trabajo.

20. c) Cuando los riesgos no se puedan evitar o no puedan limitarse.

TEST N.º 7

Ley Orgánica 3/2018, de 5 de diciembre de Protección de Datos Personales y garantía de los derechos digitales. Disposiciones generales (Título I), Principios de protección de datos (Título II) Derechos de las personas (Título III)

1. Es correcto, conforme a la disposición adicional 3ª de la LO 3/2018, que:

a) Cuando los plazos se señalen por días, se entiende que estos son naturales.

b) Si el plazo se fija en semanas, concluirá el día anterior al día de la semana en que se produjo el hecho que determina su iniciación en la semana de vencimiento.

c) Si el plazo se fija en años, concluirá el mismo día en que se produjo el hecho que determina su iniciación en el año de vencimiento.

d) Cuando el último día del plazo sea inhábil, se entenderá adelantado al último día hábil anterior.

2. ¿Qué título de la LO 3/2018, de 5 de diciembre, de Protección de Datos Personales y garantía de los derechos digitales, se refiere a los principios de la protección de datos?

a) Título I.
b) Título II.
c) Título III.
d) Título IV.

3. Según el artículo 3 de la LO 3/2018, los requisitos y condiciones para acreditar la validez y vigencia de los mandatos e instrucciones de las personas fallecidas respecto al acceso a los datos personales de éstas por parte de las personas o instituciones que designaran expresamente, serán establecidos:

a) Por medio de una Directiva europea.
b) Por Ley estatal.
c) Por Ley autonómica.
d) Por Real Decreto.

4. El artículo 4 de la LO 3/2018 señala que, conforme al artículo 5.1.d) del Reglamento (UE) 2016/679, los datos serán exactos y, si fuere necesario:

a) Actualizados.
b) Aproximados.
c) Normalizados.
d) Digitalizados.

5. Conforme al artículo 5.1 de la LO 3/2018, estarán sujetas al deber de confidencialidad:

a) Únicamente los responsables del tratamiento.
b) Los responsables y encargados del tratamiento.
c) Los responsables y encargados del tratamiento de datos así como todas las personas que intervengan en cualquier fase de este.
d) Los responsables y encargados del tratamiento de datos así como todas las personas que intervengan en todas las fases de este.

6. Conforme a los artículos 4.11 del RGPD y 6.1 de la LO 3/2018, se entiende por consentimiento del afectado la aceptación, ya sea mediante una declaración o una clara acción afirmativa, del tratamiento de datos personales que le conciernen manifestada por voluntad libre, de forma específica, informada e/y:

a) Detallada.
b) Unitaria.
c) Inequívoca.
d) Por escrito.

7. Cuando se pretenda fundar el tratamiento de los datos en el consentimiento del afectado para una pluralidad de finalidades:

a) Será preciso que conste de manera específica e inequívoca que dicho consentimiento se otorga para todas ellas.
b) Será necesario demostrar que el afectado consintió expresamente e inequívocamente en alguna de las finalidades y, que el resto de finalidades están claramente relacionadas con aquella.
c) El responsable debe demostrar la adecuación de las distintas finalidades a un único objeto.
d) El consentimiento del afectado sólo puede afectar a una finalidad. Cada finalidad precisa un consentimiento propio e independiente.

8. Conforme al principio de limitación de la finalidad, los datos personales serán recogidos con fines determinados, explícitos y:

a) Limitados.
b) Transparentes.

c) Compatibles.
d) Legítimos.

9. Según el artículo 8.1 de la LO 3/2018, el tratamiento de datos personales solo podrá considerarse fundado en el cumplimiento de una obligación legal exigible al responsable:

a) Cuando así lo prevea una norma de Derecho de la Unión Europea o una norma con rango de ley.
b) Cuando el tratamiento se considere una misión realizada en interés público.
c) Cuando se trate del ejercicio de poderes públicos conferidos al responsable.
d) Cuando el responsable sea un órgano u organismo público.

10. Conforme al artículo 9 de la LO 3/2018, de 5 de diciembre, de Protección de Datos Personales y garantía de los derechos digitales, cuál de los siguientes trata-mientos de categorías especiales de datos fundados en el Derecho español deberá estar amparado en una norma con rango de ley:

a) Tratamiento necesario con fines de archivo en interés público, fines de investiga-ción científica o histórica.
b) Tratamiento efectuado, en el ámbito de sus actividades legítimas y con las debidas garantías, por una fundación, una asociación o cualquier otro organismo sin ánimo de lucro, cuya finalidad sea política, filosófica, religiosa o sindical, siempre que el tratamiento se re-fiera exclusivamente a los miembros actuales o antiguos de tales organismos o a personas que mantengan contactos regulares con ellos en relación con sus fines y siempre que los datos personales no se comuniquen fuera de ellos sin el consentimiento de los interesados.
c) Tratamiento necesario para fines de medicina preventiva o laboral, evaluación de la capacidad laboral del trabajador, diagnóstico médico, prestación de asistencia o tra-tamiento de tipo sanitario o social, o gestión de los sistemas y servicios de asistencia sanitaria y social.
d) Tratamiento referido a datos personales que el interesado ha hecho manifiesta-mente públicos.

11. Uno de los objetos de la Ley Orgánica 3/2018, de 5 de diciembre, de Protec-ción de Datos Personales y garantía de los derechos digitales, es:

a) Adaptar el ordenamiento jurídico español al Reglamento General de Protección de Datos y completar sus disposiciones.
b) Establecer las normas relativas a la protección de las personas físicas en lo que res-pecta al tratamiento de los datos personales y las normas relativas a la libre circulación de tales datos.
c) Adaptar el Reglamento General de Protección de Datos al ordenamiento jurídico español y completar sus disposiciones.
d) Garantizar la seguridad de la transferencia de datos entre países de la Unión Europea.

12. La LO 3/2018, de 5 de diciembre, de Protección de Datos Personales y garantía de los derechos digitales, tiene por objeto garantizar los derechos digitales de la ciudadanía conforme al mandato del artículo de la Constitución:

a) 9.2.
b) 10.1.
c) 18.4.
d) 20.4.

13. Señala la opción incorrecta. Conforme al artículo 11.3 de la LO 3/2018, la información básica que el responsable del tratamiento ha de facilitar al afectado, cuando los datos personales se hayan obtenido de éste, debe contener obligatoriamente:

a) La finalidad del tratamiento.
b) La identidad del responsable del tratamiento y de su representante, en su caso.
c) La posibilidad de ejercer los derechos establecidos en los artículos 15 a 22 del RGPD.
d) Las categorías de datos objeto de tratamiento.

14. Según el artículo 7.1 de la LO 3/2018, el tratamiento de los datos personales de un menor de edad únicamente podrá fundarse en su consentimiento cuando sea mayor de:

a) 12 años.
b) 13 años.
c) 14 años.
d) 16 años.

15. El derecho a la portabilidad de los datos:

a) Se podrá aplicar a los tratamientos que sean necesario para el cumplimiento de una misión realizada en interés público o en el ejercicio de poderes públicos conferidos al responsable del tratamiento.
b) A diferencia de otros derechos, podrá afectar negativamente a los derechos y libertades de otros.
c) Supone la obligación de que, en todo caso, los datos personales se transmitan directamente de responsable a responsable.
d) Requiere que el tratamiento se efectúe por medios automatizados.

16. Conforme al artículo 12 de la LO 3/2018, los derechos reconocidos en los artículos 15 a 22 del RGPD:

a) Sólo podrán ser ejercidos directamente por el afectado.
b) Deberán ejercerse bien directamente por el afectado o por representante legal.
c) Deberán ejercerse bien directamente por el afectado o por representante voluntario.
d) Podrán ejercerse directamente o por medio de representante legal o voluntario.

17. Según el artículo 12.4 de la LO 3/2018, la prueba del cumplimiento del deber de responder a la solicitud de ejercicio de sus derechos formulado por el afectado recaerá:

a) Sobre el responsable del tratamiento.
b) Sobre el encargado del tratamiento.
c) Bien sobre el responsable o bien sobre el encargado.
d) Sobre el representante legal del afectado.

18. En virtud del artículo 12 de la LO 3/2018 es cierto, en relación a los medios para que el afectado pueda ejercer sus derechos, que:

a) El encargado del tratamiento estará obligado a informar al afectado sobre los medios a su disposición para ejercer los derechos que le corresponden.
b) Los medios deberán ser consensuados con los afectados antes de poner en marcha el tratamiento.
c) Los medios deberán ser fácilmente accesibles para el afectado.
d) El ejercicio del derecho podrá ser denegado cuando el afectado opte por otro medio.

19. Señala la opción incorrecta. El artículo 15 del RGPD dispone que el interesado tendrá derecho a obtener del responsable del tratamiento confirmación de si se están tratando o no datos personales que le conciernen y, en tal caso, derecho de acceso a los datos personales y a información sobre la existencia de decisiones automatizadas, incluida la elaboración de perfiles, y, al menos en tales casos, información significativa sobre:

a) Los demás interesados afectados por las decisiones.
b) La lógica aplicada.
c) La importancia del tratamiento.
d) Las consecuencias previstas de dicho tratamiento.

20. Conforme al artículo 16 del RGPD, teniendo en cuenta los fines del tratamiento, el interesado tendrá derecho a que se completen los datos personales que sean incompletos, inclusive mediante:

a) Levantamiento de acta.
b) Certificación de modificación.
c) Una declaración adicional.
d) Elaboración de anexos.

En MADTEST tienes **más preguntas de este tema**, y todos tus avances quedan registrados y se reflejan en el ranking.

¡Supera tus límites con MADTEST!

Solución al test n.º 7

1. c) Si el plazo se fija en años, concluirá el mismo día en que se produjo el hecho que determina su iniciación en el año de vencimiento.

2. b) Título II.

3. d) Por Real Decreto.

4. a) Actualizados.

5. c) Los responsables y encargados del tratamiento de datos así como todas las personas que intervengan en cualquier fase de este.

6. c) Inequívoca.

7. a) Será preciso que conste de manera específica e inequívoca que dicho consentimiento se otorga para todas ellas.

8. d) Legítimos.

9. a) Cuando así lo prevea una norma de Derecho de la Unión Europea o una norma con rango de ley.

10. c) Tratamiento necesario para fines de medicina preventiva o laboral, evaluación de la capacidad laboral del trabajador, diagnóstico médico, prestación de asistencia o tratamiento de tipo sanitario o social, o gestión de los sistemas y servicios de asistencia sanitaria y social.

11. a) Adaptar el ordenamiento jurídico español al Reglamento General de Protección de Datos y completar sus disposiciones.

12. c) 18.4.

13. d) Las categorías de datos objeto de tratamiento.

14. c) 14 años.

15. d) Requiere que el tratamiento se efectúe por medios automatizados.

16. d) Podrán ejercerse directamente o por medio de representante legal o voluntario.

17. a) Sobre el responsable del tratamiento.

18. c) Los medios deberán ser fácilmente accesibles para el afectado.

19. a) Los demás interesados afectados por las decisiones.

20. c) Una declaración adicional.

TEST N.º 8

Ley 2/2011, de 11 de marzo, para la igualdad efectiva de mujeres y hombres y la erradicación de la violencia de género. Título Preliminar: objeto, ámbito de aplicación y conceptos; La integración del principio de igualdad entre mujeres y hombres en la salud (Artículo 20); Igualdad en el empleo público (Capítulo II-Título III)

1. ¿En qué artículo constitucional se proclama el derecho a la igualdad?

a) 1.
b) 14.
c) 23.
d) 43.

2. El objeto de la Ley 2/2011 lo constituye:

a) Remover los obstáculos para que la libertad y la igualdad del individuo y de los grupos en que se integra sean efectivas y reales.
b) Reforzar e impulsar la estrategia del enfoque integrado de género.
c) Garantizar la efectiva igualdad de derechos, trato y oportunidades entre mujeres y hombres.
d) Todas las anteriores.

3. La Ley promueve la presencia equilibrada de mujeres y hombres:

a) En el ámbito público exclusivamente.
b) En las relaciones sociales.
c) En los ámbitos tanto público como privado.
d) En las personas jurídicas y entidades siempre que cuenten con participación pública.

4. La Ley aboga por que el principio de igualdad de trato y de oportunidades se aplique de forma:

a) Solidaria.
b) Transversal.

c) Coordinada.
d) Empoderada.

5. La ausencia de toda discriminación por razón de sexo, y, especialmente, las derivadas de la maternidad, la asunción de obligaciones familiares y el estado civil es lo que se denomina

a) Discriminación directa.
b) Discriminación positiva.
c) Discriminación indirecta.
d) Igualdad de trato.

6. Se considera "acoso por razón de sexo":

a) La violencia como manifestación de la discriminación, la situación de desigualdad y las relaciones de poder de los hombres sobre las mujeres.
b) La discriminación, directa o indirecta, por razón de sexo, especialmente, derivada de la maternidad, la asunción de obligaciones familiares y el estado civil.
c) El comportamiento realizado en función del sexo de una persona, con el propósito de atentar contra su dignidad.
d) Cualquiera de las situaciones anteriores.

7. Se denomina "integración del principio de igualdad entre mujeres y hombres en la salud":

a) Al mantenimiento y mejora del nivel de salud de mujeres y hombres promoviendo la desaparición de las desigualdades de género en el campo de la salud.
b) Al derecho a la información referente al lugar de prestación de los servicios de atención, emergencia, apoyo y recuperación integral.
c) Al reconocimiento del derecho a la atención, emergencia, apoyo y acogida y recuperación integral de las mujeres víctimas de violencia de género.
d) A la defensa y representación gratuitas por abogado y procurador en todos los procesos y procedimientos administrativos que tengan causa directa o indirecta en la violencia padecida.

8. ¿Qué medidas prevé la Ley para la detección, atención y apoyo a las mujeres víctimas de violencia de género?

a) La asistencia de la Policía Judicial.
b) La Elaboración de protocolos de atención y coordinación.
c) La tipicidad de delitos en el ámbito preventivo.
d) La prestación de medidas de carácter económico.

9. Para garantizar la igualdad en el empleo público, se prevé legalmente que la Administración del Principado de Asturias:

a) Promueva la presencia equilibrada de mujeres y hombres en los órganos de selección y valoración.

b) Facilite la conciliación de la vida personal, familiar y laboral, con menoscabo de la promoción profesional.

c) Establezca medidas para potenciar cualquier discriminación retributiva, directa o indirecta, por razón de sexo.

d) Cualquiera de las anteriores.

10. ¿Qué órgano del Principado de Asturias corresponde la aprobación del Plan de Igualdad en la Administración?

a) A la persona titular de la Consejería competente en materia de políticas de Igualdad.

b) A la persona titular de la Consejería competente en materia de función pública.

c) Al Presidente del Principado de Asturias.

d) Al Consejo de Gobierno.

11. ¿Y quién se encarga de hacer la propuesta para su aprobación?

a) Unidad de Selección de Personal.

b) Subdirección de Evaluación y Planificación de Recursos Humanos.

c) Subdirección de Profesionales.

d) Oficina de Coordinación de Prevención de Riesgos Laborales y Salud Laboral.

12. ¿Y la evaluación de su cumplimiento?

a) El Instituto Asturiano de la Mujer.

b) La persona titular de la Consejería competente en materia de función pública.

c) La persona titular de la Consejería competente en materia de políticas de Igualdad.

d) Las personas a que se refieren las letras b y c, conjuntamente.

13. El eje "Cultura de la organización" del I Plan de Igualdad de la Administración del Principado de Asturias, contiene los objetivos a alcanzar para:

a) La visibilización de las desigualdades.

b) La presencia de la mujer en los centros de poder.

c) La implantación de sistemas de sistemas estratégicos transversales.

d) La integración del principio de igualdad.

14. La celebración de reuniones dentro del horario fijo de trabajo: de 9:00 a 14.00 horas es un objetivo recogido en el del I Plan de Igualdad de la Administración del Principado de Asturias dentro del eje dedicado a:

a) Los procesos de trabajo.

b) Las personas.

c) La cultura de la organización.
d) Ninguna es correcta.

15. La integración de la perspectiva de género en los procesos habituales de trabajo es un objetivo del I Plan de Igualdad recogido en el eje de:

a) Los procesos de trabajo.
b) La cultura de la organización.
c) Las medidas transversales.
d) Las personas.

16. ¿Cuál de los siguientes elementos puede ser causa de discriminación según el principio de igualdad de trato?

a) Nacionalidad.
b) Maternidad.
c) Nivel de estudios.
d) Lugar de residencia.

17. ¿Cuál es uno de los objetivos principales del Principado de Asturias en el ámbito de la salud?

a) Incrementar la inversión en tecnología sanitaria exclusivamente femenina.
b) Promover la desaparición de las desigualdades de género en la salud.
c) Garantizar atención médica solo para mujeres víctimas de violencia de género.
d) Priorizar enfermedades cardiovasculares en población masculina.

18. ¿Qué eje del I Plan de Igualdad se refiere a la integración del principio de igualdad en la cultura organizacional?

a) El eje de procesos de trabajo.
b) El eje de políticas públicas.
c) El eje de cultura de la organización.
d) El eje normativo.

19. ¿Qué herramienta se pondrá en marcha para facilitar la conciliación en el empleo público?

a) Reducción obligatoria de jornada para mujeres.
b) Un sistema de guarderías internas.
c) Una bolsa de horas para cubrir necesidades de conciliación.
d) Exención de guardias para el personal con hijos.

20. ¿Qué finalidad tiene el análisis de datos desagregados por sexo?

a) Reforzar las estadísticas nacionales exclusivamente.
b) Comprobar la eficiencia financiera de la Administración.
c) Conocer la situación diferenciada de mujeres y hombres.
d) Estudiar la natalidad y la fecundidad de la región.

En MADTEST tienes **más preguntas de este tema**, y todos tus avances quedan registrados y se reflejan en el ranking.

¡Supera tus límites con MADTEST!

Solución al test n.º 8

1. b) 14.

2. c) Garantizar la efectiva igualdad de derechos, trato y oportunidades entre mujeres y hombres.

3. c) En los ámbitos tanto público como privado.

4. b) Transversal.

5. d) Igualdad de trato.

6. c) El comportamiento realizado en función del sexo de una persona, con el propósito de atentar contra su dignidad.

7. a) Al mantenimiento y mejora del nivel de salud de mujeres y hombres promoviendo la desaparición de las desigualdades de género en el campo de la salud.

8. b) La Elaboración de protocolos de atención y coordinación.

9. a) Promueva la presencia equilibrada de mujeres y hombres en los órganos de selección y valoración.

10. d) Al Consejo de Gobierno.

11. d) Oficina de Coordinación de Prevención de Riesgos Laborales y Salud Laboral.

12. d) Las personas a que se refieren las letras b y c, conjuntamente.

13. d) La integración del principio de igualdad.

14. b) Las personas.

15. a) Los procesos de trabajo.

16. b) Maternidad.

17. b) Promover la desaparición de las desigualdades de género en la salud.

18. c) El eje de cultura de la organización.

19. c) Una bolsa de horas para cubrir necesidades de conciliación.

20. c) Conocer la situación diferenciada de mujeres y hombres.

TEST N.º 9

La Ley 7/2019 de 29 de marzo, de Salud: El sistema de Salud del Principado de Asturias (Título III); Derechos y deberes en el ámbito de la salud (Título IV); La salud Pública (Título V); Los empleados del Sistema Sanitario Público del Principado de Asturias (Título VI); El sistema de información de salud (Título VIII); Estructura orgánica y funcionamiento del SESPA, Órganos de dirección, gestión, control y participación (Sección 1ª, Capítulo II , Título IX)

1. Qué actuación corresponde al sistema sanitario público para garantizar la equidad y sostenibilidad de sus acciones:

a) Delegar en los ayuntamientos la gestión de los recursos hospitalarios.
b) Priorizar únicamente los indicadores económicos.
c) Establecer estrategias de intervención que incluyan vigilancia, acción comunitaria y prevención.
d) Centralizar las decisiones en la Dirección General de Salud Pública.

2. Cuál es el objetivo principal del Sistema Sanitario del Principado de Asturias:

a) Generar conocimiento científico.
b) Evaluar la calidad de vida de los profesionales sanitarios.
c) Establecer convenios con otras Comunidades Autónomas.
d) Garantizar el derecho a la protección de la salud de la población.

3. Qué caracteriza a la Red Sanitaria de Utilización Pública del Principado de Asturias:

a) Está compuesta solo por clínicas privadas acreditadas.
b) Solo incluye centros hospitalarios urbanos.
c) Integra centros educativos con programas de salud.
d) Agrupa centros públicos y privados vinculados mediante fórmulas de gestión.

4. Qué implica formar parte de la Red Hospitalaria Pública del Principado de Asturias:

a) Solo prestar servicios de hospitalización.
b) Asumir funciones asistenciales, preventivas, docentes y de investigación.
c) Recibir financiación europea directa.
d) Disponer de autonomía para formar personal sanitario.

5. Qué personas pueden considerarse usuarias del Sespa:

a) Solo personas mayores de edad residentes.
b) Residentes en Asturias y personas extranjeras en condiciones legales.
c) Exclusivamente trabajadores afiliados a la Seguridad Social.
d) Solo quienes dispongan de código de identificación autonómico.

6. Qué finalidad tiene el Sistema de Información Poblacional:

a) Controlar las altas hospitalarias.
b) Evaluar la calidad docente del sistema.
c) Registrar y gestionar los datos de la población usuaria del Sespa.
d) Emitir informes estadísticos para fines académicos.

7. Cómo se organiza territorialmente el sistema sanitario en Asturias:

a) Según criterios políticos.
b) Únicamente por municipios.
c) En Áreas de Salud, Zonas y Distritos basados en múltiples factores.
d) Según las especialidades médicas disponibles.

8. Qué caracteriza a las Zonas Básicas de Salud:

a) Su carácter exclusivamente administrativo.
b) Su competencia exclusiva en salud mental.
c) Son demarcaciones para atención primaria con dotación suficiente de recursos.
d) Son áreas exclusivas para urgencias médicas.

9. Qué ocurre si una zona presenta condiciones socioeconómicas y de comunicación singulares:

a) Se fusiona con otras zonas.
b) Se deriva la gestión a entidades privadas.
c) Puede constituirse como Zona Especial de Salud.
d) Se excluye de la planificación sanitaria regional.

10. Qué papel tienen los Distritos de Salud dentro del sistema sanitario:

a) Reemplazar los hospitales de referencia.
b) Dividir Áreas de Salud en unidades más pequeñas si es necesario.

c) Coordinar exclusivamente las emergencias sanitarias.
d) Actuar como órganos de formación profesional médica.

11. Cuál es uno de los objetivos del modelo de Red Integrada de Servicios del sistema sanitario asturiano:

a) Reforzar la autonomía presupuestaria de cada hospital.
b) Favorecer la rotación laboral del personal sanitario.
c) Garantizar la continuidad asistencial eliminando barreras entre niveles.
d) Promover la privatización de centros de atención primaria.

12. Qué caracteriza a la Atención Primaria en el Sistema Sanitario Público del Principado de Asturias:

a) Es exclusiva para tratamientos farmacológicos.
b) No colabora con atención hospitalaria.
c) Es el eje nuclear, con enfoque integral, comunitario y preventivo.
d) Se limita a la emisión de recetas y certificados.

13. Qué funciones desarrolla la Atención Hospitalaria además del tratamiento médico:

a) Gestión exclusiva del voluntariado sanitario.
b) Control de los presupuestos del Sespa.
c) Promoción de la salud, prevención, investigación y docencia.
d) Supervisión de las farmacias comunitarias.

14. Qué se busca con la evaluación continua de la calidad en los servicios sanitarios:

a) Disminuir la formación continua del personal.
b) Garantizar la reducción del gasto sanitario.
c) Mejorar la seguridad y eficacia de las prestaciones.
d) Centralizar los recursos en un único hospital por Área.

15. Cuál es una función destacada de la Red de Salud Mental del Principado de Asturias:

a) Coordinar la atención a pacientes externos exclusivamente.
b) Desarrollar campañas de salud bucodental.
c) Controlar el sistema de recetas electrónicas.
d) Proporcionar atención integral y comunitaria a personas con enfermedad mental.

16. Qué implica la atención sociosanitaria dentro del sistema de salud:

a) Exclusión de recursos sociales en la atención.
b) Coordinación de recursos sanitarios y sociales para atención integral.

c) Subrogación de servicios a entidades privadas.

d. Provisión únicamente en hospitales especializados.

17. Qué componente es esencial en el diseño de las políticas de promoción de la salud pública:

a) La distribución de material publicitario en hospitales.

b) La generación de entornos saludables y acciones educativas.

c) El aislamiento de factores de riesgo en centros cerrados.

d) La evaluación de la productividad de los profesionales.

18. Cuál es uno de los objetivos del Plan de Salud del Principado de Asturias:

a) Establecer las nóminas de los sanitarios.

b) Reorganizar las Zonas Básicas en función de la demanda política.

c) Servir como marco de referencia para la planificación de políticas de salud.

d) Limitar la asistencia sanitaria a residentes permanentes.

19. Qué garantiza el derecho a la intimidad en el ámbito sanitario:

a) La grabación de actos clínicos como práctica docente habitual.

b) La participación forzada en ensayos clínicos.

c) La confidencialidad de los datos personales y clínicos del paciente.

d) El acceso público a historias clínicas por parte de familiares.

20. Qué derecho tiene el paciente respecto a los tratamientos experimentales:

a) Está obligado a participar si lo autoriza el centro.

b) Puede rechazar participar como alternativa terapéutica.

c) Debe asumir los costes derivados.

d) Puede participar sin necesidad de consentimiento previo.

En MADTEST tienes **más preguntas de este tema**, y todos tus avances quedan registrados y se reflejan en el ranking.

¡Supera tus límites con MADTEST!

Solución al test n.º 9

1. c) Establecer estrategias de intervención que incluyan vigilancia, acción comunitaria y prevención.

2. d) Garantizar el derecho a la protección de la salud de la población.

3. d) Agrupa centros públicos y privados vinculados mediante fórmulas de gestión.

4. b) Asumir funciones asistenciales, preventivas, docentes y de investigación.

5. b) Residentes en Asturias y personas extranjeras en condiciones legales.

6. c) Registrar y gestionar los datos de la población usuaria del Sespa.

7. c) En Áreas de Salud, Zonas y Distritos basados en múltiples factores.

8. c) Son demarcaciones para atención primaria con dotación suficiente de recursos.

9. c) Puede constituirse como Zona Especial de Salud.

10. b) Dividir Áreas de Salud en unidades más pequeñas si es necesario.

11. c) Garantizar la continuidad asistencial eliminando barreras entre niveles.

12. c) Es el eje nuclear, con enfoque integral, comunitario y preventivo.

13. c) Promoción de la salud, prevención, investigación y docencia.

14. c) Mejorar la seguridad y eficacia de las prestaciones.

15. d) Proporcionar atención integral y comunitaria a personas con enfermedad mental.

16. b) Coordinación de recursos sanitarios y sociales para atención integral.

17. b) La generación de entornos saludables y acciones educativas.

18. c) Servir como marco de referencia para la planificación de políticas de salud.

19. c) La confidencialidad de los datos personales y clínicos del paciente.

20. b) Puede rechazar participar como alternativa terapéutica.

TEST N.º 10

Decreto 189/2023, de 15 de septiembre, por el que se establece la estructura orgánica básica de los órganos de dirección y gestión del Servicio de Salud del Principado de Asturias

1. ¿A quién le corresponde la promoción de protocolos de actuación que garanticen la máxima eficacia y eficiencia ante problemas relevantes de salud de la población?

a) A la Dirección de atención y evaluación sanitaria.
b) A la Dirección de Profesionales.
c) A la Dirección Económico-financiera y de infraestructuras.
d) A la Dirección de Coordinación, Resultados en Salud y Comunicación.

2. La Unidad de Coordinación del Programa Marco de Atención a Urgencias y Emergencias Sanitarias, se adscribe a:

a) La Dirección de Profesionales.
b) La Dirección Económico-financiera y de infraestructuras.
c) La Dirección de Coordinación, Resultados en Salud y Comunicación.
d) La Dirección de atención y evaluación sanitaria.

3. Subdirección de Organización de Servicios Sanitarios asume la función de:

a) Seguimiento de la implantación de los planes de cuidados.
b) Coordinación y desarrollo de los planes y estrategias de cuidados en el conjunto de centros y unidades del Sespa.
c) Desarrollo y aplicación de medidas de promoción de la salud.
d) Coordinación, evaluación y control de las actividades asistenciales de las Áreas de Salud.

4. La función de instruir los procedimientos disciplinarios al personal de las instituciones y centros sanitarios públicos dependientes del Sespa corresponde:

a) A la Dirección de profesionales.
b) A la Subdirección de Organización de Servicios Sanitarios.

c) Al Servicio de Inspección.

d) A la Subdirección de Organización de Servicios Sanitarios.

5. Indique la opción correcta en relación a la Dirección de Profesionales:

a) Tiene como función la gestión de la prestación farmacéutica de las Áreas de Salud.

b) Le corresponde elaborar los criterios y especificaciones técnicas para incorporar y adquirir medicamentos.

c) De esta Dirección depende la Subdirección de Profesionales.

d) La identificación de propuestas orientadas a optimizar la gestión y funcionamiento de las instalaciones que integran el Sespa.

6. La Unidad de Selección de Personal se configura en:

a) La Subdirección de Evaluación y Planificación de Recursos Humanos.

b) La Unidad de Costes y Sistemas de Información de Personal.

c) El Servicio de Inspección.

d) Oficina de Coordinación de Prevención de Riesgos Laborales y Salud Laboral.

7. Corresponde a la Dirección de Gestión Económico-Financiera y de Infraestructuras las siguientes funciones:

a) La aplicación, en el ámbito del Sespa, de las políticas económico-financieras y de aprovisionamiento y distribución de bienes y servicios necesarios para la actividad de atención sanitaria.

b) El asesoramiento a la Dirección Gerencia en la elaboración del anteproyecto de presupuesto y modificaciones presupuestarias del Sespa.

c) El control, seguimiento y evaluación de la ejecución del presupuesto del Sespa.

d) Todas son correctas.

8. La Dirección Económico-Financiera y de Infraestructuras se estructura en la unidad de:

a) Subdirección de Gestión.

b) Oficina de Coordinación de Prevención de Riesgos Laborales y Salud Laboral.

c) Unidad de Costes y Sistemas de Información de Personal.

d) Ninguna es correcta.

9. La coordinación en materia de prevención de riesgos laborales en el ámbito del Sespa, sin perjuicio de las competencias atribuidas a otros organismos, es una competencia de:

a) Unidad de Selección de Personal.

b) Subdirección de Evaluación y Planificación de Recursos Humanos.

c) Subdirección de Profesionales.

d) Oficina de Coordinación de Prevención de Riesgos Laborales y Salud Laboral.

10. Indique cuál de las siguientes funciones corresponde a la Dirección de Gestión Económico-Financiera y de Infraestructuras:

a) La definición funcional, explotación y control de los sistemas de información necesarios para el ejercicio de sus funciones.

b) El establecimiento de los criterios del aprovisionamiento y gestión logística del Sespa y de las líneas generales de compras de suministros y servicios en el ámbito de su competencia.

c) El impulso y coordinación de las acciones de implantación de sistemas de información que resulten derivados de la planificación estratégica definida por la Consejería.

d) Todas son correctas.

11. ¿A quién le corresponde la asistencia técnico-jurídica en materia de contratación administrativa a las distintas Áreas de Salud?

a) A la Subdirección de Infraestructuras y Servicios Técnicos.

b) A la Unidad de Contratación.

c) A la Oficina de Gestión de Instalaciones y Equipamiento.

d) Ninguna es correcta.

12. Corresponden a la Oficina de Gestión de Instalaciones y Equipamiento, las siguientes funciones:

a) La ejecución y el mantenimiento de los proyectos a realizar sobre las infraestructuras informáticas y sobre los sistemas de información del Sespa.

b) La puesta en funcionamiento y mantenimiento de los sistemas de información departamentales que le sean propios en el ámbito del Sespa, así como el mantenimiento de las infraestructuras TIC, tanto hardware como software sobre las que recaen.

c) La realización de las funciones que expresamente le encomiende la Dirección de Gestión Económico-Financiera y de Infraestructuras.

d) La puesta en marcha de medidas de ahorro y gestión energética y ambiental eficiente de los centros dependientes del Sespa.

13. Se adscribe a la Dirección de Profesionales:

a) La Central de Compras.

b) La Subdirección de Gestión.

c) La Unidad de Contratación.

d) La Unidad de Costes y Sistemas de Información de Personal.

14. La Dirección de Salud Mental se configuran las siguientes unidades:

a) Unidad de Coordinación del Programa Marco de Salud Mental y Unidad de Farmacia de Salud.

b) Unidad de Salud Mental y Servicio de continuidad de la atención en Salud Mental.

c) Subdirección de Atención Primaria y Salud Mental y Servicio de asistencia sanitaria en Salud Mental.

d) Servicio de asistencia sanitaria en Salud Mental y Servicio de continuidad de la atención en Salud Mental.

15. ¿Cuál de los siguientes no es un órgano directivo de las Áreas de Salud en el Principado de Asturias?

a) Dirección Gerencia.
b) Dirección de Gestión de Cuidados y Enfermería.
c) Dirección Económica y de Profesionales.
d) Dirección de Atención Sanitaria y Salud Pública.

16. ¿Cuál de las siguientes no es una función de la Dirección de Atención y Evaluación Sanitaria?

a) Dirección y control de la estrategia de calidad definida por la Consejería.
b) Gestión económica y presupuestaria del Sespa.
c) Coordinación y evaluación de la actividad asistencial de centros sanitarios.
d) Promoción de protocolos de actuación ante problemas relevantes de salud.

17. ¿Qué unidad forma parte de la estructura de la Dirección de Atención y Evaluación Sanitaria?

a) Servicio de Personal y Nóminas.
b) Unidad de Coordinación del Programa Marco de Atención a Urgencias y Emergencias Sanitarias.
c) Subdirección General de Recursos Humanos.
d) Secretaría de Atención Ciudadana.

18. ¿Qué función realiza la Unidad de Costes y Sistemas de Información de Personal?

a) Redacción de normas estatutarias.
b) Gestión de nóminas.
c) Coordinación de actividades clínicas.
d) Organización de oposiciones.

19. ¿Qué función tiene el Servicio de Gestión Contable y Presupuestaria?

a) Implantar tecnologías de la información.
b) Realizar estudios de mercado.
c) Coordinar la contabilidad analítica.
d) Supervisar contratos clínicos.

20. ¿Cuál es una de las funciones de la Central de Compras?

a) Elaborar las nóminas mensuales.
b) Gestionar el mantenimiento de infraestructuras.
c) Coordinar el aprovisionamiento de los centros del Sespa.
d) Redactar los convenios sanitarios internacionales.

En MADTEST tienes **más preguntas de este tema**, y todos tus avances quedan registrados y se reflejan en el ranking.

¡Supera tus límites con MADTEST!

Solución al test n.º 10

1. a) A la Dirección de atención y evaluación sanitaria.

2. d) La Dirección de atención y evaluación sanitaria.

3. d) Coordinación, evaluación y control de las actividades asistenciales de las Áreas de Salud.

4. c) Al Servicio de Inspección.

5. c) De esta Dirección depende la Subdirección de Profesionales.

6. a) La Subdirección de Evaluación y Planificación de Recursos Humanos.

7. d) Todas son correctas.

8. a) Subdirección de Gestión.

9. d) Oficina de Coordinación de Prevención de Riesgos Laborales y Salud Laboral.

10. d) Todas son correctas.

11. b) A la Unidad de Contratación.

12. d) La puesta en marcha de medidas de ahorro y gestión energética y ambiental eficiente de los centros dependientes del Sespa.

13. d) La Unidad de Costes y Sistemas de Información de Personal.

14. d) Servicio de asistencia sanitaria en Salud Mental y Servicio de continuidad de la atención en Salud Mental.

15. a) Dirección Gerencia.

16. b) Gestión económica y presupuestaria del Sespa.

17. b) Unidad de Coordinación del Programa Marco de Atención a Urgencias y Emergencias Sanitarias.

18. b) Gestión de nóminas.

19. c) Coordinar la contabilidad analítica.

20. c) Coordinar el aprovisionamiento de los centros del Sespa.

Demografía sanitaria. El mapa sanitario del Principado de Asturias. Fuentes de información e indicadores demográficos. Análisis de datos. Indicadores de salud: clasificación. Utilidad. Sistemas de gestión de la Calidad en el Servicio de Salud del Principado de Asturias. Gestión por procesos. Conceptos básicos en seguridad del paciente

1. Cuál es la fórmula correcta para calcular la prevalencia:

a) Número de casos nuevos dividido entre el total de años-persona.
b) Número de casos existentes dividido entre la población total.
c) Número de muertes dividido entre la población total.
d) Número de casos nuevos dividido entre la población en riesgo.

2. Qué se entiende por evento adverso en seguridad del paciente:

a) Una complicación inevitable de la enfermedad.
b) Un error médico leve sin consecuencias.
c) Una infección adquirida en la comunidad.
d) Un incidente que causa daño innecesario al paciente.

3. Según el modelo de Reason, un fallo activo es:

a) Una acción incorrecta realizada por un profesional sanitario.
b) Una condición latente del sistema.
c) Un error administrativo estructural.
d) Una estrategia de mejora continua.

4. Qué estudio español abordó la prevalencia de eventos adversos en atención primaria:

a) Estudio APEAS.
b) Estudio ENEAS.

c) Estudio EPINE.
d) Estudio EARCAS.

5. Según el modelo de Donabedian, los indicadores de proceso se refieren a:

a) Los recursos materiales disponibles.
b) Lo que los profesionales hacen por los pacientes.
c) La satisfacción del usuario.
d) La infraestructura del centro.

6. Cuál de las siguientes tasas se relaciona directamente con los movimientos naturales de la población:

a) Índice de masculinidad.
b) Esperanza de vida al nacer.
c) Tasa de actividad.
d) Tasa de natalidad.

7. Cuál de los siguientes no es un indicador de salud negativa:

a) Mortalidad.
b) Morbilidad.
c) Incapacidad.
d) Esperanza de vida al nacer.

8. Qué define mejor la demografía dinámica:

a) Analiza la estructura poblacional en un momento determinado.
b) Estudia la evolución de la población y sus mecanismos de cambio en el tiempo.
c) Se centra exclusivamente en la fecundidad.
d) Solo se utiliza para estudios de natalidad.

9. Cuál de las siguientes afirmaciones describe mejor un proceso clave en la gestión por procesos:

a) Es un proceso de planificación estratégica.
b) Apoya la realización de otros procesos.
c) Es aquel que se realiza en tiempo real con el cliente externo.
d) Es un subproceso de soporte técnico.

10. Cuál de los siguientes eventos representa un incidente sin daño en seguridad del paciente:

a) Reacción alérgica grave a un fármaco prescrito correctamente.
b) Error de medicación detectado antes de su administración.

c) Muerte durante una intervención quirúrgica urgente.
d) Infección nosocomial tras uso de sonda urinaria.

11. Qué indicador expresa mejor la carga global de enfermedad en una población:

a) Años de vida ajustados por discapacidad (DALYs).
b) Tasa de mortalidad específica.
c) Prevalencia acumulada.
d) Índice de natalidad.

12. Qué representa la tasa de reproducción bruta:

a) Número de hijos por pareja reproductiva.
b) Número medio de hijas que tendría una mujer en su vida fértil.
c) Número de embarazos por cada 1.000 mujeres.
d) Relación entre nacimientos y población masculina.

13. Cuál es una función de las tablas de vida elaboradas por John Graunt:

a) Determinar el nivel de morbilidad por región.
b) Clasificar los errores en atención hospitalaria.
c) Estimar la supervivencia por grupo de edad.
d) Evaluar el rendimiento de servicios sanitarios.

14. Qué elemento clave se recoge en la definición de seguridad del paciente según la OMS:

a) Aumentar la eficiencia económica del sistema.
b) Evitar, prevenir y mejorar los resultados adversos derivados de la atención sanitaria.
c) Reducir las listas de espera en hospitales.
d) Aumentar el volumen de actividad asistencial.

15. Cuál es un ejemplo de un indicador compuesto:

a) Tasa de fecundidad.
b) Índice de desarrollo humano (IDH).
c) Número absoluto de defunciones.
d) Prevalencia puntual.

16. Cuál de los siguientes estudios es un referente internacional en la evaluación de eventos adversos:

a) Estudio EPINE.
b) Harvard Medical Practice Study.

c) Estudio Swaroop.
d) Proyecto IBEAS.

17. Qué tipo de prevalencia mide los casos en un instante temporal específico:

a) Prevalencia puntual.
b) Prevalencia acumulada.
c) Prevalencia transversal.
d) Prevalencia de período.

18. Qué indicador se relaciona con el riesgo de muerte en pacientes hospitalizados por infecciones nosocomiales:

a) Tasa de letalidad.
b) Tasa de morbilidad específica.
c) Tasa de reproducción neta.
d) Índice de calidad ajustada.

19. Cuál es la principal utilidad de los estudios de cohortes en epidemiología:

a) Medir la incidencia y establecer relaciones causales.
b) Detectar prevalencias en poblaciones pequeñas.
c) Evaluar impacto económico de intervenciones.
d) Calcular tasas ajustadas de hospitalización.

20. Cuál es una característica de los indicadores de tasa frente a los números absolutos:

a) Permiten la comparación entre poblaciones de distinto tamaño.
b) Requieren menos precisión estadística.
c) Son menos útiles para planificación sanitaria.
d) Describen frecuencias sin contexto poblacional.

En MADTEST tienes **más preguntas de este tema**, y todos tus avances quedan registrados y se reflejan en el ranking.

¡Supera tus límites con MADTEST!

Solución al test n.º 11

1. b) Número de casos existentes dividido entre la población total.

2. d) Un incidente que causa daño innecesario al paciente.

3. a) Una acción incorrecta realizada por un profesional sanitario.

4. a) Estudio APEAS.

5. b) Lo que los profesionales hacen por los pacientes.

6. d) Tasa de natalidad.

7. d) Esperanza de vida al nacer.

8. b) Estudia la evolución de la población y sus mecanismos de cambio en el tiempo.

9. c) Es aquel que se realiza en tiempo real con el cliente externo.

10. b) Error de medicación detectado antes de su administración.

11. a) Años de vida ajustados por discapacidad (DALYs).

12. b) Número medio de hijas que tendría una mujer en su vida fértil.

13. c) Estimar la supervivencia por grupo de edad.

14. b) Evitar, prevenir y mejorar los resultados adversos derivados de la atención sanitaria.

15. b) Índice de desarrollo humano (IDH).

16. b) Harvard Medical Practice Study.

17. a) Prevalencia puntual.

18. a) Tasa de letalidad.

19. a) Medir la incidencia y establecer relaciones causales.

20. a) Permiten la comparación entre poblaciones de distinto tamaño.

PARTE ESPECÍFICA

Principios fundamentales de la Bioética. Problemas en la práctica clínica. Información al paciente. Código Deontológico la Enfermería Española

1. ¿Qué conceptos de estos configuran el paradigma enfermero?

a) Los conceptos de cuidado y persona.
b) Los conceptos de persona y salud.
c) Los conceptos de cuidado, persona y salud.
d) Los conceptos de cuidado, persona, salud y de entorno.

2. Todo lo que se expone de las características de las normas éticas es cierto, excepto:

a) Las normas han de cumplirse obligatoriamente, están positivadas y obviamente están ligadas al Estado.
b) Su cumplimiento o no, no tienen repercusión social ni jurídica.
c) Son cumplidas mediante el convencimiento interno.
d) Se pueden plasmar escritas en códigos deontológicos cuyo cumplimiento es exigido de alguna manera por organizaciones colegiales o asociaciones profesionales.

3. ¿A qué se denomina un conjunto de creencias importantes, que se han ido consensuando a lo largo del tiempo y tienen verdadera importancia a nivel universal o bien a nivel regional en una cultura o pueblo?

a) Costumbre.
b) Cultura.
c) Valores.
d) Civismo.

4. ¿Qué aspecto o cuestión posee valor extrínseco?

a) Aire.
b) Agua.
c) Salud.
d) Alimentos.

5. ¿Cómo se denominan los valores del sujeto, que se refieren primordialmente a aquellos que contribuyen al mantenimiento de la vida?

a) Valores Básicos.
b) Valores Extrínsecos.
c) Valores Intrínsecos.
d) Valores Vitales.

6. ¿Cómo se denomina cuando un asalto se produce de forma que se toca o afecta el cuerpo de otra persona sin su debido consentimiento?

a) Agravio.
b) Imprudencia.
c) Negligencia.
d) Agresión.

7. ¿Cuál de estos no es un componente básico de los 8 que cita Mayeroff a desarrollar para disponer de la capacidad de cuidar?

a) Confianza.
b) Prudencia.
c) Paciencia.
d) Honestidad y humildad.

8. ¿Sobre qué principios se apoya toda la asistencia sanitaria?

a) Beneficencia y Autonomía.
b) Beneficencia y Justicia.
c) Autonomía, Beneficencia y Justicia.
d) Autonomía, Beneficencia, no maleficencia y Justicia.

9. ¿Qué principio ético incumple el encarnizamiento u obstinación terapéutica?

a) Autonomía.
b) No maleficencia.
c) Beneficencia.
d) Justicia.

10. ¿En qué capítulo del código deontológico de enfermería se exponen los deberes de la profesión?

a) II.
b) IV.
c) IX.
d) XV.

11. El consentimiento informado (aceptación):

a) Culmina siempre con la aceptación del paciente a un procedimiento diagnóstico o terapéutico.

b) Culmina con la aceptación/negación del paciente a un procedimiento diagnóstico o terapéutico.

c) Se contempla como un proceso de transmisión de responsabilidades hacia el paciente.

d) Debe constar siempre por escrito.

12. Si un paciente se niega a firmar el Consentimiento Informado:

a) El médico especialista tiene el deber de ejercer la presión necesaria para que cambie de opinión, ya que es lo mejor para su salud.

b) Se le debe instar a firmar su "no autorización" y el alta voluntaria.

c) El enfermo tiene la obligación de revelar por escrito las causas que le llevan a tomar esta decisión.

d) El enfermo no puede negarse, bajo ningún concepto.

13. El derecho de toda persona a que se respete el carácter confidencial de los datos referentes a su salud, se trata del derecho a:

a) La salud.

b) La intimidad.

c) La autonomía.

d) La vida.

14. Según normativa, ¿quién es el titular de derecho a la información asistencial?

a) Exclusivamente el paciente.

b) El paciente y sus familiares.

c) El paciente, sus familiares y si lo hubiese el tutor legal o responsable.

d) El paciente y su cónyuge exclusivamente.

15. Indica la respuesta correcta:

a) Toda persona tiene derecho a que se respete su voluntad de no ser informada.

b) La información, que como regla general, se proporcionará por escrito.

c) Ambas son correctas.

d) El derecho a la información asistencial, se regula en el artículo 5 de la Ley 41/2002.

16. La información comprende como mínimo:

a) La finalidad de cada intervención.

b) La naturaleza de cada intervención.

c) Sus riesgos y consecuencias.
d) Todas son correctas.

17. La información clínica será, según indica el artículo 4 de la Ley 41/2002:

a) Breve.
b) Coherente.
c) Adecuada a sus necesidades.
d) Ninguna es correcta.

18. La finalidad de la información clínica es:

a) Dar asistencia sanitaria.
b) Ayudar a tomar una decisión de acuerdo con su propia y libre voluntad.
c) Garantizar el derecho a la información.
d) Cumplir con la obligación establecida.

19. ¿Cuál de estas afirmaciones sobre la objeción de conciencia es correcta?

a) Puede aplicarse en situaciones de urgencia vital.
b) Se puede ejercer institucionalmente.
c) Exime de cualquier responsabilidad profesional.
d) Debe garantizarse la atención al paciente por otro profesional.

20. ¿Cuál es un límite legal de la objeción de conciencia en el ámbito sanitario?

a) Puede aplicarse colectivamente por un centro sanitario.
b) No puede usarse como excusa para desatender al paciente.
c) Se puede ejercer en cualquier momento sin formalidad.
d) No está sujeta a registro en ningún caso.

En MADTEST tienes **más preguntas de este tema**, y todos tus avances quedan registrados y se reflejan en el ranking.

¡Supera tus límites con MADTEST!

Solución al test n.º 12

1. d) Cuidado, persona, salud y de entorno.

2. a) Las normas han de cumplirse obligatoriamente, están positivadas y obviamente están ligadas al Estado.

3. c) Valores.

4. c) Salud.

5. c) Valores Intrínsecos.

6. d) Agresión.

7. b) Prudencia.

8. c) Autonomía, Beneficencia y Justicia.

9. b) No maleficencia.

10. a) II.

11. b) Culmina con la aceptación/negación del paciente a un procedimiento diagnóstico o terapéutico.

12. b) Se le debe instar a firmar su "no autorización" y el alta voluntaria.

13. b) La intimidad.

14. a) Exclusivamente el paciente.

15. a) Toda persona tiene derecho a que se respete su voluntad de no ser informada.

16. d) Todas son correctas.

17. c) Adecuada a sus necesidades.

18. b) Ayudar a tomar una decisión de acuerdo con su propia y libre voluntad.

19. d) Debe garantizarse la atención al paciente por otro profesional.

20. b) No puede usarse como excusa para desatender al paciente.

TEST N.º 13

Fundamentos de la práctica clínica basada en la evidencia. Investigación secundaria. La documentación dentro de la evidencia científica. Bases de datos bibliográficas, fuentes documentales de evidencia y revisión bibliográfica. Instrumentos de la evidencia científica. Formulación de preguntas y búsqueda de respuestas sobre la práctica clínica. Evaluación y síntesis de los hallazgos de la revisión bibliográfica. Elaboración de informes sobre la información relevante encontrada. Integración de los resultados de la investigación secundaria a la práctica clínica

1. ¿Sobre qué paradigma no está fundamentada la medicina basada en la evidencia (MBE)?

a) Experiencia profesional y evidencias de la investigación.
b) Las preferencias del propio paciente y los recursos que se disponen.
c) Ocurrencia no reflexiva del sanitario.
d) Está basada en todo lo anterior.

2. ¿Cuál de estas intervenciones enfermeras independientes no consideras adecuada por su mayor costo en la Enfermería basada en la evidencia (EBE)?

a) Promoción de autocuidados.
b) Fomento de la Educación para la Salud.
c) Uso de medicación basada en la intuición y en la experiencia clínica no sistemática.
d) Apoyo emocional.

3. ¿Qué afirmación respecto a la EBE no es cierta?

a) Existen multitud de estudios que demuestran la eficiencia de las intervenciones de enfermería frente a los médicos y con ello se demuestra la rentabilidad de los enfermeros dentro de los sistemas de salud.
b) La investigación cualitativa abre nuevas situaciones en las cuales los enfermeros pueden hablar y aportar soluciones.

c) La investigación cualitativa no se complementa con la cuantitativa, por ello hay que darle una mayor prelación a la hora de toma de decisiones clínicas.

d) La investigación cualitativa junto a la cuantitativa ayudan a entender mejor la realidad del paciente, de su familia o de los propios sistemas de salud.

4. La aplicación de la EBE debería tener capacidad para:

a) Dar respuesta a los problemas importantes de la práctica de los enfermeros y adaptar las evidencias cuantitativas y cualitativas.

b) Transformarse en acción para el cambio y resaltar un enfoque crítico, reflexivo e independiente.

c) Conciliar el metaparadigma de los enfermeros: persona, cuidados, salud y entorno.

d) Debería tener capacidad para todo lo anteriormente dicho.

5. ¿Cuál es el orden lógico de pasos a seguir para aplicar la metodología basada en la MBE?

a) Buscar sistemáticamente las mejores pruebas disponibles existentes en la bibliografía, formular una pregunta clara a partir del problema clínico que se va a analizar, efectuar una evaluación crítica de las evidencias científicas halladas y aplicar los resultados de la valoración a la práctica clínica.

b) Formular una pregunta clara a partir del problema clínico que se va a analizar, buscar sistemáticamente las mejores pruebas disponibles existentes en la bibliografía, efectuar una evaluación crítica de las evidencias científicas halladas y aplicar los resultados de la valoración a la práctica clínica.

c) Buscar sistemáticamente las mejores pruebas disponibles existentes en la bibliografía, efectuar una evaluación crítica de las evidencias científicas halladas, formular una pregunta clara a partir del problema clínico que se va a analizar y aplicar los resultados de la valoración a la práctica clínica.

d) Formular una pregunta clara a partir del problema clínico que se va a analizar, efectuar una evaluación crítica de las evidencias científicas halladas, buscar sistemáticamente las mejores pruebas disponibles existentes en la bibliografía y aplicar los resultados de la valoración a la práctica clínica.

6. ¿Qué aspecto del diseño de la MBE no está asociado a una mayor calidad y rigor científico?

a) La asignación aleatoria a los grupos experimental y control de la intervención sanitaria a evaluar.

b) El sentido retrospectivo del estudio.

c) El enmascaramiento de los pacientes e investigadores participantes respecto al objeto de estudio.

d) La existencia de un grupo control concurrente en el tiempo.

7. ¿Cuál de estas Sociedades se reconoce a nivel científico que realiza la escala de nivel de calidad de la evidencia más importantes en MBE?

a) Canadian Task Force on the Periodic Health Examination.
b) American Nursing Association.
c) American Association Nursing College.
d) Todas las anteriores.

8. ¿Qué orden propone como categorización de la evidencia en MBE la Agencia de Evaluación de Tecnología Médica, del Servicio Catalán de Salud?

a) 1.º Estudios controlados no aleatorizados bien diseñados (cohortes, casos y controles). 2.º Ensayos clínicos controlados, meta-análisis o revisiones sistemáticas bien diseñadas. 3.º Estudios no controlados o consenso.
b) 1.º Estudios no controlados o consenso. 2.º Estudios controlados no aleatorizados bien diseñados (cohortes, casos y controles). 3.º Ensayos clínicos controlados, meta-análisis o revisiones sistemáticas bien diseñadas.
c) 1.º Ensayos clínicos controlados, meta-análisis o revisiones sistemáticas bien diseñadas. 2.º Estudios controlados no aleatorizados bien diseñados (cohortes, casos y controles). 3.º Estudios no controlados o consenso.
d) 1.º Ensayos clínicos controlados, meta-análisis o revisiones sistemáticas bien diseñadas. 2.º Estudios no controlados o consenso. 3.º Estudios controlados no aleatorizados bien diseñados (cohortes, casos y controles).

9. ¿Qué nivel de evidencia (MBE) será mayor de estos?

a) Estudios no analíticos (serie de casos).
b) Opinión de experto.
c) Revisiones sistemáticas de alta calidad de estudios de cohortes o casos-controles (estudios de cohortes o casos-controles con riesgo de sesgos muy bajo y alta probabilidad de que la relación sea causal).
d) Meta-análisis, revisiones sistemáticas de ECA, o ECA con riesgo de sesgos alto.

10. ¿Qué evidencia de estas poseerá mayor fuerza como recomendación en MBE?

a) Evidencia suficiente derivada de estudios de nivel 2++.
b) Evidencia extrapolada de estudios de nivel 2++.
c) Evidencia de nivel 3.
d) Evidencia de nivel 4.

11. ¿Cuál de estos estudios quedaría en último lugar de categorización en la MBE, según la Agencia de Evaluación de Tecnología Médica, del Servicio Catalán de Salud?

a) Ensayos clínicos controlados aleatorizados.
b) Meta-análisis o revisiones sistemáticas bien diseñadas.

c) Estudios no controlados.
d) Estudios controlados no aleatorizados bien diseñados.

12. ¿Qué nivel de categorización será de mayor fuerza en la MBE, según la Agencia de Evaluación de Tecnología Médica, del Servicio Catalán de Salud? Aquel que posea una categorización:

a) I.
b) II.
c) III.
d) IV.

13. ¿Cuál de estos estudios considerarías con el adjetivo de regular en la MBE?

a) Ensayos clínicos controlados y aleatorizados de muestra pequeña (enfermedad prevalente).
b) Estudios de cohortes.
c) Estudios transversales.
d) Son ciertas a y b.

14. Los ensayos clínicos controlados y aleatorizados de muestra grande poseerán en cuanto a calidad de la evidencia científica en la MBE el adjetivo de:

a) Bueno.
b) Regular.
c) Malo.
d) Muy malo.

15. ¿Qué grado se le otorga a los procedimientos médicos, respecto a la calidad de la evidencia científica, calificados como bueno? Grado:

a) A.
b) B.
c) C.
d) D.

16. ¿Cuál de estos procedimientos o estudios poseen la mejor eficacia en cuanto a evidencia científica?

a) Estudios cualitativos.
b) Revisiones sistemáticas.
c) Procedimientos descriptivos.
d) Casos y controles.

17. ¿Cuál de estos procedimientos o estudios poseen la mejor efectividad en cuanto a evidencia científica?

a) Casos y controles.
b) Cohortes.
c) Ensayos clínicos aleatorizados (ECA).
d) Estudios descriptivos.

18. ¿Cuál de estos procedimientos o estudios poseen la mejor seguridad en cuanto a evidencia científica?

a) Casos y controles.
b) Cohortes.
c) Revisiones sistemáticas.
d) Estudios descriptivos.

19. ¿Cuál de estos procedimientos o estudios poseen la mejor calidad en cuanto a evidencia científica?

a) Estudios cualitativos.
b) Revisiones sistemáticas.
c) Procedimientos descriptivos.
d) Casos y controles.

20. ¿Cuál de estos procedimientos o estudios poseen la mejor cualificación en costo/efectividad en cuanto a evidencia científica?

a) Casos y controles.
b) Cohortes.
c) Ensayos clínicos aleatorizados (ECA).
d) Procedimientos descriptivos.

En MADTEST tienes **más preguntas de este tema**, y todos tus avances quedan registrados y se reflejan en el ranking.

¡Supera tus límites con MADTEST!

Solución al test n.º 13

1. c) Ocurrencia no reflexiva del sanitario.

2. c) Uso de medicación basada en la intuición y en la experiencia clínica no sistemática.

3. c) La investigación cualitativa no se complementa con la cuantitativa, por ello hay que darle una mayor prelación a la hora de toma de decisiones clínicas.

4. d) Debería tener capacidad para todo lo anteriormente dicho.

5. b) Formular una pregunta clara a partir del problema clínico que se va a analizar, buscar sistemáticamente las mejores pruebas disponibles existentes en la bibliografía, efectuar una evaluación crítica de las evidencias científicas halladas y aplicar los resultados de la valoración a la práctica clínica.

6. b) El sentido retrospectivo del estudio.

7. a) Canadian Task Force on the Periodic Health Examination.

8. c) 1.º Ensayos clínicos controlados, meta-análisis o revisiones sistemáticas bien diseñadas. 2.º Estudios controlados no aleatorizados bien diseñados (cohortes, casos y controles). 3.º Estudios no controlados o consenso.

9. d) Meta-análisis, revisiones sistemáticas de ECA, o ECA con riesgo de sesgos alto.

10. a) Evidencia suficiente derivada de estudios de nivel 2++.

11. c) Estudios no controlados.

12. a) I.

13. d) Son ciertas a y b.

14. a) Bueno.

15. a) A.

16. b) Revisiones sistemáticas.

17. c) Ensayos clínicos aleatorizados (ECA).

18. c) Revisiones sistemáticas.

19. b) Revisiones sistemáticas.

20. c) Ensayos clínicos aleatorizados (ECA).

TEST N.º 14

Salud Pública: Concepto. Salud y Enfermedad. Concepto. Indicadores de salud por edad y sexo: Morbilidad, mortalidad, letalidad y esperanza de vida. Principales problemas de salud en la población española actual. Elementos de priorización: Magnitud, trascendencia, vulnerabilidad y coste

1. ¿Cuál era la nacionalidad de Lemuel Shattuck?

a) Inglesa.
b) Española.
c) Estadounidense.
d) Galesa.

2. La era bacteriológica de la Salud Pública aparece en:

a) La primera mitad del siglo XX.
b) A mediados del siglo XX.
c) A mediados del siglo XIX.
d) La primera mitad del siglo XIX.

3. Respecto al concepto de ecología, una de las siguientes afirmaciones es correcta:

a) El término procede del griego oikos, que significa casa.
b) Fue acuñado por Haeckel, biólogo alemán del s. XIX.
c) Estudia las relaciones de los seres vivos entre sí y de éstos con el mundo que les rodea.
d) Es una ciencia puramente biológica sin conexión con las ciencias humanas.

4. Sólo una de las siguientes afirmaciones coincide con el concepto de ecosistema:

a) El espacio vital que ocupa una comunidad biológica.
b) Grupo de individuos de una misma especie que habitan una área determinada.
c) Conjunto formado por una comunidad de seres vivos que viven en relación entre sí y con el medio ambiente que les rodea.
d) La masa total de componentes vivos de un sistema ecológico.

5. ¿Cómo se denomina la ciencia que estudia las relaciones de las poblaciones con el medio ambiente?

a) Sinecología.
b) Demoecología.
c) Autoecología.
d) Ecología simplemente.

6. ¿Cuál de las siguientes son factores determinantes de la aparición de enfermedades?

a) Los hábitos (estilo de vida).
b) Genética.
c) Los sistemas de salud.
d) Todos.

7. Cuando el individuo refiere síntomas de enfermedad y además aparecen signos objetivables de la misma se habla de periodo:

a) Clínico.
b) Subclínico.
c) Estado.
d) Son correctas las respuestas a) y c).

8. ¿Cuál de los factores determinantes de la salud debe ser abordado desde la educación para la salud?

a) Biología humana.
b) Medio ambiente.
c) Los estilos de vida.
d) La Atención Primaria de Salud.

9. El nuevo concepto de salud plantea un enfoque:

a) Estático-ecológico.
b) Dinámico-ecológico.
c) Estático-biológico.
d) Bioestático.

10. De las siguientes afirmaciones sobre la enfermedad, ¿cuál es correcta?

a) Un signo es una manifestación subjetiva y por tanto difícil de cuantificar.
b) Un síntoma es una manifestación objetiva y mensurable de enfermedad.
c) Un síndrome es un conjunto de signos y síntomas que caracterizan y definen a una determinada enfermedad.
d) La enfermedad es una alteración del estado y/o funcionamiento que se manifiesta sólo por signos.

11. Entre las fases de la enfermedad, no se encuentra:

a) Periodo de latencia.
b) Fase prodrómica.
c) Fase postpandrial.
d) Periodo de estado.

12. Tomando como referencia la clasificación de las enfermedades por su patogenia. Entre las alteraciones celulares, podemos encontrar:

a) Atrofia.
b) Hipertrofia.
c) Tumores.
d) Todas son correctas.

13. En la Tasa Bruta de Mortalidad, la población total se refiere a la estimada:

a) A primeros de año del estudio.
b) A mediados de año del estudio.
c) A fecha de 1 de julio.
d) b y c son correctas.

14. La Tasa de Mortalidad específica más utilizada es:

a) Sexo.
b) Edad.
c) Causa de defunción.
d) Estatus social.

15. La fórmula siguiente hace referencia al indicador denominado:

$$\frac{\text{Número de defunciones por una patología}}{\text{Número de enfermos por esa patología}} \times 100$$

Se denomina:

a) Tasa de Mortalidad específica por causas.
b) Tasa de Mortalidad bruta.
c) Índice de mortalidad proporcional.
d) Letalidad.

16. Según la Clasificación Internacional de Enfermedades, la defunción materna se produce:

a) Cuando la mujer está embarazada.
b) En las primeras 72 horas siguientes al fin de la gestación.

c) En las primeras 42 horas siguientes al fin de la gestación.
d) a y c son correctas.

17. La fórmula:

$$\frac{\text{Número de muertos entre 1 semana y 1 mes de vida}}{\text{Número nacidos vivos en un año}} \times 1000$$

Se denomina:

a) Tasa de Mortalidad Neonatal.
b) Tasa de Mortalidad Postneonatal.
c) Tasa de Mortalidad Neonatal Precoz.
d) Tasa de Mortalidad Neonatal Tardía.

18. La fórmula:

$$\frac{\text{Número de defunciones en nacidos vivos antes de 28 días, en un año}}{\text{Total de recién nacidos vivos en un año}} \times 1000$$

Se denomina:

a) Tasa de Mortalidad Neonatal.
b) Tasa de Mortalidad Postneonatal.
c) Tasa de Mortalidad Neonatal Precoz.
d) Tasa de Mortalidad Neonatal Tardía.

19. La fórmula:

$$\frac{\text{Número de fallecidos entre 28 días y 1 año de vida, en un año}}{\text{Número nacidos vivos en un año}} \times 1000$$

Se denomina:

a) Tasa de Mortalidad Neonatal.
b) Tasa de Mortalidad Postneonatal.
c) Tasa de Mortalidad Neonatal Precoz.
d) Tasa de Mortalidad Neonatal Tardía.

20. ¿Cuál de los siguientes criterios de priorización de problemas de salud viene determinado por la severidad y el impacto social del problema?

a) Magnitud del problema.
b) Trascendencia.
c) Vulnerabilidad.
d) Coste-efectividad.

En MADTEST tienes **más preguntas de este tema**, y todos tus avances quedan registrados y se reflejan en el ranking.

¡Supera tus límites con MADTEST!

Solución al test n.º 14

1. c) Estadounidense.

2. c) A mediados del siglo XIX.

3. c) Estudia las relaciones de los seres vivos entre sí y de éstos con el mundo que les rodea.

4. c) Conjunto formado por una comunidad de seres vivos que viven en relación entre sí y con el medio ambiente que les rodea.

5. b) Demoecología.

6. d) Todos.

7. d) Son correctas las respuestas a y c.

8. c) Los estilos de vida.

9. b) Dinámico-ecológico.

10. c) Un síndrome es un conjunto de signos y síntomas que caracterizan y definen a una determinada enfermedad.

11. c) Fase postpandrial.

12. d) Todas son correctas.

13. d) b y c son correctas.

14. b) Edad.

15. d) Letalidad.

16. d) a y c son correctas.

17. d) Tasa de Mortalidad Neonatal Tardía.

18. a) Tasa de Mortalidad Neonatal.

19. b) Tasa de Mortalidad Postneonatal.

20. b) Trascendencia.

Calidad en el Sistema Nacional de Salud: Características de la atención sanitaria. Evaluación de estructura, proceso y resultados. Mejora continua de la calidad. Métodos de evaluación de la calidad. Auditorías. Tendencias actuales de evaluación de calidad de los cuidados enfermeros. Programas de calidad: Diseño e implantación. Los Costes Sanitarios. Concepto. Tipo de Costes. Cálculo de Costes: Case Mix. Producto Sanitario. Conceptos de financiación, gestión y provisión de servicios sanitarios. Concepto de equidad, eficacia, eficiencia y efectividad

1. Según Cotte, la calidad consiste en la comparación de la percepción del servicio recibido, con las expectativas que de ese tenían. ¿Cómo relaciona el autor estos tres términos?

a) Calidad = Percepción – Expectativas.
b) Calidad = Expectativas – Percepción.
c) Calidad = Expectativas + Percepción.
d) Calidad = Expectativas x Percepción.

2. ¿Cuál de los siguientes aspectos no se incorpora en la gestión de la calidad total de los servicios sanitarios?

a) Reducción de costes.
b) Implicación de los profesionales.
c) Nivel científico técnico.
d) Satisfacción de los usuarios.

3. Todos los enunciados hacen referencia a la Calidad, pero cuál de ellos implica la ejecución periódica y sistemática de medidas correctoras y la posterior evaluación de lo realizado.

a) Control de calidad.
b) Garantía de calidad.

c) Evaluación de calidad.
d) Normas de calidad.

4. Según la fórmula de Cotte, que relaciona la calidad con la comparación de la percepción del servicio recibido y con las expectativas que de ese tenían. ¿Cómo sería un servicio en el que la percepción es mucho mayor que las expectativas?

a) De mala calidad.
b) De excelente calidad.
c) De buena calidad.
d) No es un factor que influya.

5. Indicar a qué enunciado corresponde la siguiente definición: "Su herramienta fundamental es la gestión por procesos asistenciales, que supone la atención y respuesta única del sistema sanitario ya que centra las actuaciones en el usuario, implica a los profesionales como principales protagonistas del cambio y facilita la continuidad asistencial. Incorpora los siguientes aspectos: satisfacción de usuarios, implicación de los profesionales, mejora continua de las actividades y reducción de costes".

a) Control de calidad.
b) Garantía de calidad.
c) Gestión de la calidad total.
d) Calidad total.

6. El doctor Avedis Donabedian equipara la atención sanitaria con una línea de producción en la que, a partir de la utilización de unos determinados recursos, se pretende generar salud. ¿Qué aspectos propone que se analicen?

a) Eficacia, eficiencia y efectividad.
b) Estructura, proceso y resultados.
c) Nivel técnico, satisfacción y accesibilidad.
d) Adecuación, continuidad y equidad.

7. ¿En qué apartado del Modelo de Producción propuesto por el doctor Avedis Donabedian se evalúa de forma genérica el conjunto de actividades que los profesionales de ia salud realizan con el enfermo, incluyendo habitualmente las respuestas de éste?

a) En el resultado.
b) En el proceso.
c) En la eficacia.
d) En la eficiencia.

8. ¿En qué apartado del Modelo de Producción propuesto por el doctor Avedis Donabedian se valoran las características externas del entorno en que se presta la atención sanitaria?

a) En la accesibilidad.
b) En la estructura.

c) En la adecuación.
d) En los procesos.

9. ¿Cuál de los siguientes enunciados no corresponde con alguno de los atributos que debe tener un indicador para que sea considerado como bueno?

a) Sensibilidad.
b) Fiabilidad.
c) Validez.
d) Eficacia.

10. Aquellos costes que pueden ser eliminados total o parcialmente como consecuencia de una alternativa, se denominan:

a) Coste total.
b) Coste oportunidad.
c) Coste variable.
d) Coste evitable.

11. La gama de posibilidades y situaciones que tienen que ver con el paciente se refiere:

a) A la transformación de los procesos sanitarios.
b) Al case-mix.
c) Al input sanitario.
d) A nada de lo anterior.

12. ¿Cómo se denominarían aquellos costes que no se pueden cuantificar en términos monetarios, como por ejemplo el estrés, dolor y ansiedad que comporta y que puede reducir la calidad de vida de un paciente con esclerosis múltiple y de sus familiares? Coste:

a) Tangible.
b) Directo.
c) Intangible.
d) Total.

13. ¿Cuál de estos procedimientos para el cálculo de case mix o producto sanitario es el más utilizado a nivel hospitalario?

a) Categorías de Gestión de Pacientes (PMC).
b) APACHE.
c) Grupos Relacionados con el Diagnóstico (GRD).
d) AS-score.

14. ¿Cuál de esto aspectos consideras una desventaja de la aplicación de los procedimientos GRD (Grupos Relacionados con el Diagnóstico)?

a) Tratamiento informático sencillo.
b) Manejabilidad.
c) Incentivan ciertas opciones quirúrgicas en el tratamiento.
d) Agrupación fácil de la información disponible.

15. ¿En qué aspectos de los que se nombran nos ayuda el medidor case mix denominado sistema ACG?

a) Aproximar el sistema sanitario al usuario en su propio domicilio.
b) Reducir el coste sanitario.
c) Disminuir la presión asistencial.
d) Nos ofrece todo lo anterior.

16. ¿A qué no es aplicable el sistema APG (Ambulatory Patient Groups)? No es aplicable a:

a) Unidades de cirugía de día o cirugía ambulatoria.
b) Visitas médicas domiciliarias.
c) Consultas ambulatorias médicas o consultas ambulatorias de enfermería.
d) Servicios de urgencias.

17. ¿A qué se denomina conjunto de procesos implicados en las decisiones que se producen en la relación entre profesionales y pacientes?

a) Financiación clínica.
b) Gestión clínica.
c) Provisión clínica.
d) Resorce clinic.

18. ¿Qué aspecto de los que se nombran tiene que ver con la efectividad clínica y la utilización de los recursos?

a) Gestión asistencial.
b) Gestión de la unidad clínica.
c) Terapia individual.
d) Gestión preventiva.

19. La macrogestión sanitaria es:

a) La política sanitaria.
b) La gestión de centros sanitarios.
c) La gestión clínica.
d) La gestión privada.

20. ¿Cuál será la financiación ante un seguro obligatorio?

a) Pago por acto.
b) Prima según riesgo.
c) Porcentaje del salario.
d) Impuestos.

En MADTEST tienes **más preguntas de este tema**, y todos tus avances quedan registrados y se reflejan en el ranking.

¡Supera tus límites con MADTEST!

Solución al test n.º 15

1. a) Calidad = Percepción – Expectativas.

2. c) Nivel científico técnico.

3. b) Garantía de calidad.

4. b) De excelente calidad.

5. c) Gestión de la calidad total.

6. b) Estructura, proceso y resultados.

7. b) En el proceso.

8. b) En la estructura.

9. d) Eficacia.

10. d) Coste evitable.

11. b) Al case-mix.

12. c) Intangible.

13. c) Grupos Relacionados con el Diagnóstico (GRD).

14. c) Incentivan ciertas opciones quirúrgicas en el tratamiento.

15. d) Nos ofrece todo lo anterior.

16. b) Visitas médicas domiciliarias.

17. b) Gestión clínica.

18. a) Gestión asistencial.

19. a) La política sanitaria.

20. c) Porcentaje del salario.

TEST N.º 16

La educación para la salud en el trabajo enfermero: Individual, grupal y comunitaria: Concepto, metodología y técnicas didácticas. Intervención educativa. Fomento del autocuidado y promoción de la salud del paciente y cuidador principal. Elaboración de programas de educación para la salud

1. ¿Qué modelo de EPS es aquel en el que el sanitario se comporta como experto que ostenta toda la responsabilidad por "delegación" de los usuarios en el sistema sanitario?

a) Modelo Biosocial.
b) Modelo Preventivo.
c) Modelo Biomédico.
d) Modelo Comunitario.

2. ¿En qué parcela social, propiamente, no se lleva a cabo la práctica de la EPS con el fin de mejorar los indicadores de salud en la Comunidad?

a) En el individuo.
b) En la familia.
c) En la escuela.
d) En la empresa.

3. ¿Cuál es el primer eslabón social para llevar a cabo la práctica de la EPS con el fin de mejorar los indicadores de salud en la Comunidad?

a) La familia.
b) Los servicios de salud.
c) La escuela.
d) La empresa.

4. ¿Qué criterios a tener en cuenta para realizar EPS en enfermos de los que se exponen no es de Barlett?

a) La individualización en la educación de enfermos es muy importante.

b) La relación interpersonal y el trabajo personalizado son muy importantes en el caso de pacientes enfermos.

c) Hay que conocer bien las necesidades de los familiares del paciente y conocer sus dificultades.

d) El conocimiento es necesario pero no suficiente para modificar conducta.

5. ¿A qué nivel de prevención corresponden las acciones dirigidas a informar y motivar a los ciudadanos para que abandonen los estilos de vida insanos?

a) Nivel de prevención Primario.

b) Nivel de prevención Secundario.

c) Nivel de prevención Terciario.

d) Nivel de prevención Cuaternario.

6. ¿Qué método de EPS es unidireccional?

a) Diálogos.

b) Charlas.

c) Anuncio en la radio de EPS.

d) Entrevista.

7. ¿Cómo se denominan aquellos métodos de EPS en los cuales se realiza un intercambio entre el docente (emisor) y el discente (receptor), de tal forma que puede existir un intercambio de papeles?

a) Métodos Directivos.

b) Métodos no directivos.

c) Métodos Bidireccionales.

d) Métodos Unidireccionales.

8. ¿Qué es falso en relación a los métodos directivos en la EPS?

a) El cambio de conducta hacia un mal hábito suele ser permanente.

b) Se apoyan en la autoridad de quien imparte la EPS.

c) El objetivo con estos métodos no suele alcanzarse.

d) Se intenta es incluir conocimientos en la persona para que su comportamiento se modifique de forma permanente.

9. Los métodos y medios de Educación para la Salud se fijarán en función de:

a) El receptor, el coste económico de personal que imparte y el tiempo.

b) El coste económico de personal y tiempo que se lleva a cabo.

c) El contenido, el receptor y el coste económico de personal y tiempo.
d) Exclusivamente del receptor que sufre el efecto de la EPS.

10. ¿Qué método de EPS es bidireccional?

a) Programa de radio de EPS.
b) Charla- coloquio.
c) Anuncio en la TV de EPS.
d) Entrevista radiofónica de EPS.

11. ¿Qué método de EPS es indirecto?

a) Proyección de vídeo.
b) Entrevista.
c) Charla.
d) Clase.

12. ¿Qué parámetro de estos no debe poseer un buen entrevistador?

a) Calidez en el trato.
b) No reactividad.
c) Asertividad.
d) Respecto.

13. ¿Qué inconveniente es el de mayor importancia que posee el método de la clase como método directo de EPS?

a) Impulsa alocadamente el cambio de actitudes.
b) Impulsa más el conocimiento que el cambio de actitudes.
c) La pasividad del receptor.
d) No posee inconvenientes.

14. ¿Cuál es el instrumento más usado por los profesionales de la Salud para dirigirse a grupos?

a) La entrevista clínica.
b) La clase.
c) La charla.
d) La tertulia.

15. ¿Cómo se denominan las publicaciones sencillas dirigidas a la población y que tratan un tema específico?

a) Prensa.
b) Folletos.
c) Revistas.
d) Documentales.

16. ¿Cuál es el medio de comunicación de masas más seguido por la población?

a) La TV.
b) La radio.
c) Los folletos.
d) Los libros.

17. ¿Qué inconveniente posee la TV en EPS?

a) Es unidireccional.
b) Es difícil repetirlo, o casi imposible.
c) Solo son válidos para personas que saben leer.
d) Nada de lo anterior es cierto.

18. ¿Qué técnica de EPS es de grupo?

a) Entrevista.
b) Demostración.
c) Phillips 66.
d) Ninguna de las anteriores.

19. ¿Cuántos suelen ser los miembros de un panel para una audiencia?

a) 1-2.
b) 2-4.
c) 4-8.
d) Más de 10.

20. ¿Cuáles de estos consideras agentes que deben realizar EPS en su ámbito laboral y no son sanitarios?

a) Profesores de secundaria.
b) Pacientes.
c) Familiares de pacientes.
d) Ninguno de los anteriores.

En MADTEST tienes **más preguntas de este tema**, y todos tus avances quedan registrados y se reflejan en el ranking.

¡Supera tus límites con MADTEST!

Solución al test n.º 16

1. c) Modelo Biomédico.

2. a) En el individuo.

3. a) La familia.

4. c) Hay que conocer bien las necesidades de los familiares del paciente y conocer sus dificultades.

5. a) Nivel de prevención Primario.

6. c) Anuncio en la radio de EPS.

7. c) Métodos Bidireccionales.

8. a) El cambio de conducta hacia un mal hábito suele ser permanente.

9. c) El contenido, el receptor y el coste económico de personal y tiempo.

10. b) Charla- coloquio.

11. a) Proyección de vídeo.

12. b) No reactividad.

13. b) Impulsa más el conocimiento que el cambio de actitudes.

14. c) La charla.

15. b) Folletos.

16. b) La radio.

17. a) Es unidireccional.

18. c) Phillips 66.

19. c) 4-8.

20. a) Profesores de secundaria.

TEST N.º 17

Metodología de Cuidados: El Proceso Enfermero. Características, orígenes, evolución y fases. Valoración. Instrumentos de Valoración. Clinimetría: Cuestionarios, test e índices para la Valoración. Proceso Diagnóstico. Juicio Clínico. Taxonomía NANDA. Planificación y Ejecución. Formulación de objetivos. Intervenciones. Taxonomía NIC. Evaluación: Clasificación de Resultados en Enfermería (Taxonomía NOC). Criterios de resultados. Indicadores

1. Un conjunto de conceptos, definiciones y proposiciones que proyecta una visión sistemática de los fenómenos, estableciendo para ello las relaciones específicas entre los conceptos a fin de describir, explicar, predecir y/o controlar los fenómenos se denomina:

a) Modelo.
b) Teoría.
c) Tendencia.
d) Concepto.

2. Definimos como una representación simbólica y conceptual expresada en términos lógicos de una tendencia al/a la:

a) Modelo.
b) Predicción.
c) Simbolismo.
d) Concepto.

3. La orientación que caracteriza a la forma de ordenar los diversos conceptos que se usan para formar un modelo de cuidados se conoce como:

a) Predicción.
b) Teoría.
c) Tendencia.
d) Concepto.

4. ¿Cuál de las siguientes afirmaciones no es una ventaja de trabajar con los modelos de enfermería?

a) La valoración se hace basándose en respuestas humanas.
b) La atención prestada es integral.
c) La valoración se hace sobre la base de signos y síntomas.
d) Permite llevar a cabo todo el Proceso de Atención de Enfermería.

5. ¿Cuál es la autora de enfermería en la que su idea sobre el objetivo de la enfermería fue colocar al paciente en las mejores condiciones posibles para que la naturaleza actúe sobre él?

a) Virginia Henderson.
b) Nancy Roper.
c) Florence Nightingale.
d) D. Johnson.

6. ¿Cuál de las siguientes autoras destaca en la teoría de la comunicación- interacción?

a) Nancy Roper.
b) Hildegarde Peplau.
c) D. Johnson.
d) Virginia Henderson.

7. ¿Cuál de las siguientes autoras destaca en la teoría general de sistemas?

a) Nancy Roper.
b) Hildegarde Peplau.
c) D. Johnson.
d) Virginia Henderson.

8. ¿Cuál de las siguientes autoras destaca en la teoría de las necesidades humanas?

a) Virginia Henderson.
b) D. Orem.
c) Hildegarde Peplau.
d) Las opciones a y b son correctas.

9. El pensamiento denominado "teoría para el logro de metas/objetivos" se le atribuye a:

a) King.
b) D. Johnson.
c) B. Neuman.
d) C. Roy.

10. ¿Cuál de los siguientes modelos de enfermería está basado en la teoría de la motivación y personalidad de A. Maslow?

a) Modelos de interacción.
b) Modelos de necesidades humanas.
c) Modelos de adaptación.
d) Modelos de sistemas.

11. ¿En qué fase del Proceso Enfermero se implementan las intervenciones de cuidados?

a) Diagnóstico.
b) Planificación.
c) Ejecución.
d) Evaluación.

12. ¿Qué se evalúa en la última fase del Proceso Enfermero?

a) El cumplimiento de protocolos hospitalarios.
b) Los resultados obtenidos en relación con los objetivos establecidos.
c) La cantidad de procedimientos realizados.
d) La carga de trabajo del personal de enfermería.

13. ¿Por qué el Proceso Enfermero se considera dinámico y flexible?

a) Porque cambia según la preferencia del profesional.
b) Porque se adapta a la evolución del estado de salud del paciente.
c) Porque permite improvisar en la atención.
d) Porque no sigue un orden lógico.

14. ¿Cuál de las siguientes afirmaciones sobre la valoración es incorrecta?

a) Es un proceso continuo.
b) Se basa únicamente en la observación visual del paciente.
c) Incluye entrevistas y exploraciones físicas.
d) Permite identificar necesidades de cuidado.

15. ¿Cuál de los siguientes elementos forma parte del diagnóstico de enfermería?

a) Elección del tratamiento médico.
b) Registro de evolución del paciente.
c) Identificación de respuestas humanas a problemas de salud.
d) Administración de fármacos prescritos.

16. ¿Cuál de estas afirmaciones es falsa sobre la planificación?

a) Se basa en la evidencia científica.
b) No necesita considerar la opinión del paciente.
c) Incluye objetivos realistas.
d) Prioriza problemas según su gravedad.

17. ¿Qué se espera de la ejecución de intervenciones de enfermería?

a) Que sean siempre iguales para todos los pacientes.
b) Que se ajusten a las necesidades individuales del paciente.
c) Que se realicen sin evaluación previa.
d) Que no requieran documentación.

18. ¿Por qué es importante la documentación en el Proceso Enfermero?

a) Solo para cumplir con normas administrativas.
b) Para asegurar la continuidad y trazabilidad de los cuidados.
c) Porque lo exige la legislación sin impacto en la atención.
d) Para evitar responsabilidad legal del profesional.

19. ¿Cuál de las siguientes es una característica clave del Proceso Enfermero?

a) Es un protocolo rígido.
b) Es basado en la evidencia y centrado en la persona.
c) No requiere adaptación a cada paciente.
d) No permite la participación del paciente en decisiones.

20. ¿Qué sucede sI en la evaluación se determina que los objetivos no se han cumplido?

a) Se revisa y ajusta el plan de cuidados.
b) Se suspenden las intervenciones.
c) Se repiten las mismas acciones sin cambios.
d) No se realiza ninguna acción adicional.

En MADTEST tienes **más preguntas de este tema**, y todos tus avances quedan registrados y se reflejan en el ranking.

¡Supera tus límites con MADTEST!

Solución al test n.º 17

1. b) Teoría.

2. a) Modelo.

3. c) Tendencia.

4. c) La valoración se hace sobre la base de signos y síntomas.

5. c) Florence Nightingale.

6. b) Hildegarde Peplau.

7. c) D. Johnson.

8. d) Las opciones a y b son correctas.

9. a) King.

10. b) Modelos de necesidades humanas.

11. c) Ejecución.

12. b) Los resultados obtenidos en relación con los objetivos establecidos.

13. b) Porque se adapta a la evolución del estado de salud del paciente.

14. b) Se basa únicamente en la observación visual del paciente.

15. c) Identificación de respuestas humanas a problemas de salud.

16. b) No necesita considerar la opinión del paciente.

17. b) Que se ajusten a las necesidades individuales del paciente.

18. b) Para asegurar la continuidad y trazabilidad de los cuidados.

19. b) Es basado en la evidencia y centrado en la persona.

20. a) Se revisa y ajusta el plan de cuidados.

TEST N.º 18

Organización de los cuidados enfermeros en Atención Primaria y Atención Especializada: Centro de salud, comunidad, hospital. Consulta de Enfermería. Coordinación entre nivel: Atención enfermera a personas en situación de dependencia. Atención domiciliaria: Concepto y etapas de la visita domiciliaria. Coordinación entre atención primaria, atención especializada y servicios sociales. Programas específicos de atención domiciliaria: Programas de atención a pacientes inmovilizados y terminales. Sistemas de información utilizados en Atención Primaria y Atención Especializada: Historia clínica. Registros específicos en Atención Primaria y Atención Especializada. Informe de Enfermería al alta. Clasificaciones internacionales de problemas de salud (CIAP-2, CIE-10 y NANDA). Características generales

1. Cuando en una consulta de enfermería se evalúa la ejecución de un programa de salud estamos ante una evaluación de:

a) Estructura.
b) Proceso.
c) Resultado.
d) Ninguna es correcta.

2. ¿A qué se denomina primera consulta de enfermería a demanda?

a) El usuario acude por primera vez a nuestra consulta a requerimiento de los responsables del centro de Salud.
b) El usuario acude por primera vez a nuestra consulta enviado por el médico tras haberle diagnosticado una patología y prescrito un tratamiento.
c) El usuario acude por primera vez a nuestra consulta con la sensación más o menos clara de que algo en su estado de salud no funciona bien.
d) Todas son ciertas.

3. Cuando un paciente incluido en un programa de hipertensión acude a la consulta por fiebre y cefalea, ¿qué tipo de consulta está realizando?

a) Consulta programada.
b) Consulta domiciliaria.
c) Consulta a demanda.
d) Consulta de urgencia.

4. En la consulta de enfermería denominada a demanda el primer paso que se lleva a cabo es:

a) Elaboración de los diagnósticos de enfermería.
b) Recogida de datos.
c) Planteamiento de objetivos.
d) Ejecución del plan de cuidados.

5. ¿Cuál de las siguientes es una actividad de enfermería que se realiza en las consultas de enfermería posteriores?

a) Repaso de la recopilación de datos que tenemos hasta el momento, haciendo un resumen comparativo con el paciente.
b) Recogida de nuevos datos, que nos dé idea de la evolución del problema desde nuestro último contacto, así como los logros conseguidos por el usuario en las pautas a seguir por nuestro asesoramiento.
c) Determinación de la presencia de nuevos problemas.
d) Todas son correctas.

6. ¿Qué criterios debe reunir una consulta para ser considerada programada?

a) Estar incluida en algún programa.
b) Que se acuda por citación.
c) Que el usuario sea un enfermo.
d) Las opciones a y b son correctas.

7. ¿Cuál es el objetivo diana del Contrato Programa?

a) Impulsar cuantas actuaciones sean necesarias para mejorar la coordinación con los Servicios Sociales.
b) La calidad en la prestación asistencial y la eficiencia en la producción de servicios.
c) La coordinación entre los dos niveles de asistencia para la integración documental y administrativa.
d) El uso racional del medicamento, que debe aprobar y difundir recomendaciones y protocolos conjuntos de empleo de fármacos.

8. ¿Cómo se denomina el procedimiento cuando la coordinación se consigue mediante la comunicación informal entre el personal de cada una de las organizaciones cuando un trabajo en particular se relaciona con otro?

a) Estandarización de procesos.
b) Mecanismo de supervisión directa.
c) Mecanismo de ajuste mutuo.
d) Estandarización de habilidades.

9. ¿Cada cuanto tiempo se renueva el contrato programa?

a) Cada año.
b) Cada dos años.
c) Cada tres años.
d) Cada cinco años.

10. ¿Qué se define como el proceso clínico mediante el cual cada directivo implicado identifica, en conjunto, las metas comunes de la organización, definen las responsabilidades de cada estamento implicado y lo utilizan como guía para hacer funcionar cada unidad y para evaluar el desempeño de cada uno de sus miembros?

a) El contrato programa.
b) La Dirección por objetivos.
c) El Diagnóstico de inclusión codificado.
d) Nada de lo anterior es cierto.

11. ¿Qué porcentaje se estima de altas hospitalarias que requieren posteriormente continuidad de cuidados en el domicilio del paciente?

a) 1-5%.
b) 10-15%.
c) 20-25%.
d) 30-35%.

12. ¿A qué se denomina el encuentro o acercamiento del Equipo de Salud al domicilio del usuario o familia?

a) Atención especializada.
b) Atención ambulatorial.
c) Atención domiciliaria.
d) Atención primaria en domicilio o aviso.

13. ¿Qué atributo no es acorde con la atención domiciliaria apropiada?

a) Asistencial, de educación sanitaria o mixta.
b) Imprevista o no programada.
c) Protocolizada.
d) Interdisciplinar.

14. Cuando la atención domiciliaria se lleva a cabo por equipos de la atención especializada dedicados a procesos agudos y altas precoces a intervenciones quirúrgicas, se denomina:

a) Igual.
b) Hospitalización domiciliaria.
c) Volante hospitalario.
d) No se efectúa esa práctica, es exclusiva de la atención primaria.

15. ¿Cómo se llama también una atención domiciliaria surgida a demanda?

a) Aviso.
b) Volante.
c) Recado.
d) No existe.

16. ¿Qué dato de la visita domiciliaria es falso?

a) Unas veces será la recogida de datos mediante observación, entrevista, comunicación, etc.
b) Si por una causa justificada no se pudiera acudir a una cita, es imprescindible avisarlo.
c) Nunca deberá ser previa cita.
d) El equipamiento a llevar en la visita domiciliaria depende del contenido de la misma.

17. La duración máxima recomendada de la visita domiciliaria es de:

a) Quince minutos.
b) Veinticinco minutos.
c) Cuarenta y cinco minutos.
d) Una hora.

18. ¿Qué escala o índice es válido para ver la funcionalidad de una familia en el hogar a través de la visita domiciliaria?

a) Índice de Velasco familiar.
b) Índice de APGAR familiar.
c) Índice NANDA familiar.
d) Índice Family.

19. ¿Qué índica un índice de 8 de la Escala de 10 de APGAR familiar? Familia:

a) Afuncional.
b) Disfunción familiar leve.
c) Disfunción familiar grave.
d) Normofuncionante.

20. ¿Qué puntuaciones son las que se aplican a cada pregunta en la Escala de 10 de APGAR familiar, según respuesta?

a) 0 y 1.
b) 0, 1 y 2.
c) 0, 1, 2 y 3.
d) 0, 1, 2, 3 y 4.

En MADTEST tienes **más preguntas de este tema**, y todos tus avances quedan registrados y se reflejan en el ranking.

¡Supera tus límites con MADTEST!

Solución al test n.º 18

1. b) Proceso.

2. c) El usuario acude por primera vez a nuestra consulta con la sensación más o menos clara de que algo en su estado de salud no funciona bien.

3. c) Consulta a demanda.

4. b) Recogida de datos.

5. d) Todas son correctas.

6. d) Las opciones a y b son correctas.

7. b) La calidad en la prestación asistencial y la eficiencia en la producción de servicios.

8. c) Mecanismo de ajuste mutuo.

9. a) Cada año.

10. b) La Dirección por objetivos.

11. b) 10-15%.

12. c) Atención domiciliaria.

13. b) Imprevista o no programada.

14. b) Hospitalización domiciliaria.

15. a) Aviso.

16. c) Nunca deberá ser previa cita.

17. b) Veinticinco minutos.

18. b) Índice de APGAR familiar.

19. d) Normofuncionante.

20. b) 0, 1 y 2.

TEST N.º 19

Desarrollo de la Conducta Humana: Etapas del desarrollo. Tipos de personalidad. Hábitos. Motivación. Factores socio-culturales. Problemas psicosociales y de adaptación del paciente al medio hospitalario

1. ¿Cuánto miden aproximadamente los bebés masculinos al nacer (en cm) en nuestro país?

a) 45 cm.
b) 50 cm.
c) 55 cm.
d) 60 cm.

2. ¿Qué parte del cuerpo es la que crece más rápidamente desde la concepción hasta el nacimiento?

a) Tórax.
b) Abdomen.
c) Cabeza.
d) Miembros inferiores.

3. ¿En qué período se inicia la osificación en la especie humana? En el período...

a) Prenatal.
b) Neonatal.
c) Lactancia.
d) Infancia.

4. ¿Qué tiempo durante un día porcentualmente dedican los niños de un año a dormir? Dedican el...

a) 25% del día.
b) 35% del día.

c) 50% del día.

d) 65% del día.

5. ¿Cómo se denomina la incapacidad para el recuerdo de forma total o parcial, respecto a un período concreto de tiempo?

a) Amnesia anterógrada.

b) Hipermnesia parcial.

c) Amnesia retrógrada.

d) Amnesia lagunar.

6. ¿Qué trastorno de la afectividad o humor consideras que se padece cuando el sujeto de manera crónica posee un nivel afectivo que varía desde la depresión moderada hasta la hipomanía y que puede incluir o no periodos de humor normal?

a) Depresión mayor.

b) Trastorno ciclotímico.

c) Trastorno bipolar.

d) Trastorno distímico.

7. ¿Qué tipo de mecanismo mental de adaptación es aquel donde a menudo atribuimos nuestros sentimientos o actitudes inaceptables a los demás?

a) Proyección.

b) Compensación.

c) Desplazamiento.

d) Racionalización.

8. ¿Qué test psicológicos son los más utilizados en valoración de enfermería del comportamiento humano para evaluar la personalidad?

a) Test multifásico de personalidad de Minnesota (MMPI).

b) Escala de personalidad Wechsler.

c) Escala de personalidad Winston.

d) Escala de personalidad Smish.

9. ¿Qué atributo recibe la situación que puede resultar estresante cuando existe la posibilidad o no de que un hecho ocurra? Situación de…

a) Impredecibilidad.

b) Novedad.

c) Incertidumbre.

d) Ambigüedad.

10. ¿Qué nombre recibe la reacción o respuesta del enfermo al ingreso hospitalario (según Coe), como mecanismo de adaptación al mismo, donde éste asume la rutina del hospital mientras se evalúa su situación?

a) Agresión.
b) Aquiescencia.
c) Retirada o regresión.
d) Integración.

11. ¿Qué afirmación respecto a la influencia psicológica sobre un enfermo que padece cáncer es incorrecta?

a) Según Alonso Fernández, el 50 % de los enfermos con un tumor maligno, desean ser engañados, y no sufrir.
b) La asistencia psicológica en los enfermos de cáncer mejora, su estado anímico.
c) El enfermo canceroso tiene gran tendencia a aislarse porque se siente culpable y avergonzado por su trastorno.
d) La asistencia psicológica en los enfermos de cáncer mejora, nunca mejora la evolución de la enfermedad.

12. ¿Qué tipo de dolor consideras (según Alonso Fernández) que es vivido como presagio de dolor más frecuente o de enfermedad grave?

a) Dolor frustrante.
b) Dolor insoportable.
c) Dolor absurdo.
d) Dolor amenazador.

13. Este trastorno se caracteriza por que los sujetos que lo padecen son partícipes de peleas y robos, físicamente crueles, conducta irresponsable y antisocial, promiscuidad sexual. Son individuos con inestabilidad laboral e incapacidad para mantener relaciones personales duraderas.

a) Trastorno negativista desafiante.
b) Trastorno de la personalidad narcisista.
c) Trastorno de la personalidad antisocial.
d) Todas son correctas.

14. El mecanismo de defensa que consiste en atribuir nuestros sentimientos o actitudes inaceptables a los demás se conoce con el nombre de:

a) Racionalización.
b) Desplazamiento.
c) Proyección.
d) Negación.

15. Una de las características de las situaciones que pueden resultar estresantes, según Lazarus, es :

a) Novedad.
b) Impredecibilidad.
c) Ambigüedad.
d) Todas son correctas.

16. La respuesta de afrontamiento ante la enfermedad que consiste en un deliberado esfuerzo por no pensar ni hablar sobre la enfermedad, se conoce como:

a) Sensación de control.
b) Negación.
c) Evitación.
d) Resignación o aceptación de la enfermedad.

17. Para Rodríguez Marín, una de las consecuencias del ingreso de un enfermo en el hospital es:

a) Extrañamiento por inserción en un medio desconocido con pautas culturales diferentes.
b) Pérdida de la intimidad y de la privacidad.
c) Devaluación de la persona.
d) Todas son correctas.

18. Según la descripción de Alonso Fernández, ¿qué tipo de dolor puede llevar al paciente a la regresión a etapas infantiles?

a) Dolor amenazador.
b) Dolor absurdo.
c) Dolor grato y placentero.
d) Dolor psicologizado o espiritualizado.

19. La aquiescencia es una respuesta de adaptación al hospital que se produce cuando:

a) El paciente intenta escapar del hospital, pero como su movilidad está controlada, la retirada es sobre todo psicológica.
b) El paciente lleva a cabo una resistencia abierta a las reglas.
c) El paciente acata la mayoría de las reglas del hospital y se torna un miembro activo de la subcultura hospitalaria. Puede incluso que no quiera abandonar el hospital al alta.
d) El paciente asume la rutina del hospital mientras se evalúa su situación. Está tan impactado que permanece pasivo y cumple las demandas impuestas.

20. La adopción del papel de enfermo:

a) Siempre es positiva.

b) Siempre es negativa.

c) Es positiva o negativa dependiendo de si se correlaciona la gravedad de la enfermedad con el papel que asume el enfermo.

d) No es positiva ni negativa, es simplemente una fase por la que tiene que pasar el paciente hospitalizado.

En MADTEST tienes **más preguntas de este tema**, y todos tus avances quedan registrados y se reflejan en el ranking.

¡Supera tus límites con MADTEST!

Solución al test n.º 19

1. b) 50 cm.

2. c) Cabeza.

3. a) Prenatal.

4. c) 50% del día.

5. d) Amnesia lagunar.

6. b) Trastorno ciclotímico.

7. a) Proyección.

8. a) Test multifásico de personalidad de Minnesota (MMPI).

9. c) Incertidumbre.

10. b) Aquiescencia.

11. d) La asistencia psicológica en los enfermos de cáncer mejora, nunca mejora la evolución de la enfermedad.

12. d) Dolor amenazador.

13. c) Trastorno de la personalidad antisocial.

14. c) Proyección.

15. d) Todas son correctas.

16. c) Evitación.

17. d) Todas son correctas.

18. a) Dolor amenazador.

19. d) El paciente asume la rutina del hospital mientras se evalúa su situación. Está tan impactado que permanece pasivo y cumple las demandas impuestas.

20. c) Es positiva o negativa dependiendo de si se correlaciona la gravedad de la enfermedad con el papel que asume el enfermo.

TEST N.º 20

Prevención y promoción de la salud: Concepto. Detección precoz de los problemas de salud: Concepto. Factores de riesgo para la salud en las distintas etapas de la vida (infancia, adolescencia, adulto y anciano): Identificación de factores de riesgo y cuidados enfermeros. Inmunizaciones: Concepto. Clasificación. Tipos de vacunas. Vacunación infantil y de adultos. Indicaciones, contraindicaciones y falsas contraindicaciones. Pautas correctoras. Reacciones adversas. Cadena de frío. Indicadores de cobertura. Captación activa

1. La carta de Ottawa estableció, como líneas de actuación en promoción de la salud:

a) Desarrollo de políticas públicas de salud.
b) Creación de entornos saludables.
c) Apoyo de la acción comunitaria y desarrollo de habilidades de salud individuales.
d) Todo lo anterior es correcto.

2. La clasificación de las diferentes actividades preventivas en prevención primaria, secundaria y terciaria se realiza en función de:

a) La historia natural de la enfermedad.
b) El tipo de acción a desarrollar.
c) La edad y sexo de los sujetos receptores.
d) El tipo de problemas o patología a prevenir.

3. En los niveles de prevención, la denominada prevención secundaria consiste en:

a) El abordaje de la enfermedad aun incipiente, por medio de su diagnóstico precoz y la corrección temprana de las desviaciones del estado de salud.
b) Eliminar la posibilidad de enfermar al suprimir los factores causantes de la enfermedad antes de que esta se inicie.
c) Prevenir las secuelas de la enfermedad que ha consumado su evolución, obteniendo los mayores rendimientos de las capacidades residuales que le quedan al paciente.
d) Mejorar las capacidades dejadas por la enfermedad.

4. La rehabilitación es:

a) Promoción de salud.
b) Prevención primaria de salud.
c) Prevención secundaria de salud.
d) Prevención terciaria de salud.

5. Respecto a la prevención, señale lo falso:

a) La prevención primaria persigue disminuir la probabilidad de aparición de afecciones y enfermedades.
b) La prevención secundaria busca la interrupción o enlentecimiento de la progresión de la enfermedad.
c) La prevención primaria incluye la rehabilitación precoz.
d) La prevención primaria puede disminuir la incidencia de la enfermedad.

6. ¿En qué nivel de prevención nos situamos para hablar de screening?

a) Nivel de carácter individual.
b) Prevención secundaria.
c) Prevención terciaria.
d) Ninguna de las anteriores es correcto.

7. La vacunación en general es un caso de:

a) Prevención primaria de salud.
b) Prevención secundaria de salud.
c) Prevención terciaria de salud.
d) Ninguna de las anteriores.

8. De las siguientes afirmaciones, ¿cuál es correcta?

a) El cribaje va dirigido a personas con trastornos definidos.
b) Las pruebas de screnning son de bajo coste.
c) El objetivo del cribaje es servir de base para administrar algún tratamiento.
d) Las pruebas diagnósticas se dirigen a personas supuestamente sanas, grupos y comunidades.

9. La prevención primaria:

a) Actúa antes de que se inicie la enfermedad.
b) Disminuye la incidencia.
c) Disminuye la prevalencia.
d) Las respuestas a) y b) son correctas.

10. La prevención primaria:

a) Actúa sobre los factores de riesgo.
b) Actúa sobre la detección de enfermedades.
c) Detiene el progreso de la enfermedad.
d) En esta fase actúan todas las campañas de detección precoz.

11. Con respecto a la vacuna antipoliomielítica tipo Sabin es cierto que:

a) Es de uso parenteral.
b) Es una vacuna inactiva.
c) Se consigue una eficacia del 50%.
d) Está contraindicada en el embarazo y la inmunodepresión.

12. En las vacunas siempre se inyecta un máximo de:

a) 0,1 ml.
b) 0,2 ml.
c) 0,8 ml.
d) 0,5 ml.

13. Con respecto a la vacuna de la difteria no es cierto que:

a) Administrada de forma intramuscular, en tres dosis, se consigue una eficacia del 90-95%.
b) Está indicada en el calendario vacunal.
c) Está contraindicada en el embarazo.
d) Está contraindicada en inmunodeprimidos no inmunizados.

14. Una sobreutilización de la vacuna del tétanos puede producir una reacción de:

a) Abderhalden.
b) Bardach.
c) Baver.
d) Arthus.

15. De las siguientes vacunas, ¿cuál no está incluida en la triple vírica?

a) Sarampión.
b) Rubéola.
c) Varicela.
d) Parotiditis.

16. ¿Cuál de las siguientes vacunas no necesita revacunación?

a) Sarampión.
b) Rubéola.

c) Parotiditis.
d) Tétanos.

17. La Vacuna denominada DTP a 0-8 ºC es estable durante:

a) 2 semanas.
b) 1 año.
c) 18 a 24 meses.
d) 7 años.

18. Indique qué vacunas deben protegerse de la luz:

a) DTP.
b) Polio.
c) Triple vírica.
d) Triple vírica y BCG.

19. Cuando la enfermera administra la inmunoterapia (vacuna), debe extremar las precauciones para evitar riesgos:

a) Sólo la primera vez.
b) Cuando la dosis sea elevada.
c) El primer año de vacunación.
d) Siempre que administre una dosis.

20. ¿Qué tipo de Inmunización se adquiere mediante la administración de anticuerpos?

a) Inmunización activa.
b) Inmunización individual.
c) Inmunización colectiva.
d) Inmunización pasiva.

En MADTEST tienes **más preguntas de este tema**, y todos tus avances quedan registrados y se reflejan en el ranking.

¡Supera tus límites con MADTEST!

Solución al test n.º 20

1. d) Todo lo anterior es correcto.

2. a) La historia natural de la enfermedad.

3. a) El abordaje de la enfermedad aun incipiente, por medio de su diagnóstico precoz y la corrección temprana de las desviaciones del estado de salud.

4. d) Prevención terciaria de salud.

5. c) La prevención primaria incluye la rehabilitación precoz.

6. b) Prevención secundaria.

7. a) Prevención primaria de salud.

8. b) Las pruebas de screnning son de bajo coste.

9. d) Las respuestas a) y b) son correctas.

10. a) Actúa sobre los factores de riesgo.

11. d) Está contraindicada en el embarazo y la inmunodepresión.

12. d) 0,5 ml.

13. d) Está contraindicada en inmunodeprimidos no inmunizados.

14. d) Arthus.

15. c) Varicela.

16. a) Sarampión.

17. c) 18 a 24 meses.

18. d) Triple vírica y BCG.

19. d) Siempre que administre una dosis.

20. d) Inmunización pasiva.

TEST N.º 21

Promoción de la actividad física y alimentación equilibrada: Ventajas de la realización de actividades adecuadas a cada grupo social (sexo, edad, etcétera) y beneficios de la alimentación equilibrada (clasificación de los alimentos, frecuencia de consumo, elaboración de dietas relacionadas con la edad y momento vital). Nutrición: Valoración integral y cuidados a pacientes con nutrición oral, enteral o parenteral. Dietas terapéuticas. Identificación de problemas más prevalentes

1. Las reacciones metabólicas básicas destinadas a la producción de energía se denominan:

a) Reacciones anabólicas.
b) Reacciones catabólicas.
c) Reacciones de oxidación.
d) Reacciones de reducción.

2. Desde el punto de vista funcional, los alimentos destinados fundamentalmente a la formación y renovación de los tejidos humanos, son llamados:

a) Alimentos energéticos.
b) Alimentos plásticos.
c) Alimentos reguladores.
d) Alimentos precipitadores.

3. Tomando como referencia las unidades de energía utilizadas en nutrición, ¿cuántos kilojulios son 30 kilocalorías?

a) 83,6 kilojulios.
b) 65,3 kilojulios.
c) 41,84 kilojulios.
d) 125,52 kilojulios.

4. ¿Cuántas calorías son el equivalente a 25 julios?

a) 3,50 calorías.
b) 5,97 calorías.

c) 21,25 calorías.
d) 11,95 calorías.

5. La energía que necesita el organismo para mantener sus funciones vitales en estado de absoluto reposo, la llamamos:

a) Nutrición basal.
b) Metabolismo basal.
c) Nutrición total.
d) Metabolismo total.

6. Si una paciente es intervenida quirúrgicamente y el médico le prescribe una dieta absoluta durante las primeras 48 horas, si queremos comprobar la tolerancia a la ingesta, ¿qué dieta le administraríamos?

a) Dieta posquirúrgica.
b) Dieta semiblanda.
c) Dieta blanda.
d) Dieta líquida.

7. Tomando como referencia el denominado número de Atwater para conocer el valor energético de los principios inmediatos, ¿qué valor en kilocalorías equivale a un gramo de lípidos?

a) 4 kilocalorías.
b) 7 kilocalorías.
c) 9 kilocalorías.
d) 12 kilocalorías.

8. Tomando como referencia el denominado número de Atwater para conocer el valor energético de los principios inmediatos, ¿cuál de los siguientes principios inmediatos presentan una equivalencia de 1 gramo con 4 kilocalorías?

a) Lípidos.
b) Hidratos de carbono.
c) Proteínas.
d) Las opciones b y c son correctas.

9. Los alimentos que poseen proteínas formadas por aminoácidos esenciales, reciben el nombre de:

a) Proteínas esenciales.
b) Proteínas ecológicas.
c) Proteínas de alto valor biológico.
d) Proteínas verdaderas.

10. Podemos clasificar los hidratos de carbono según su estructura química en monosacáridos, disacáridos y polisacáridos, ¿dónde incluiría la sacarosa?

a) Monosacáridos.
b) Polisacáridos.
c) Disacáridos.
d) Ninguno de los anteriores.

11. ¿En qué posición se debe de colocar al paciente al que se le administra por vía oral la nutrición enteral, si éste presenta patología en la deglución y está encamado? En posición de:

a) Litotomía.
b) Fowler.
c) Morestin.
d) Trendelembürg.

12. ¿Qué técnica de nutrición enteral se denomina también alimentación forzada?

a) Nutrición enteral mediante alimentación por vía oral en paciente encamado.
b) Nutrición enteral mediante alimentación por sonda nasogástrica.
c) Nutrición enteral mediante alimentación por enterostomías.
d) Nutrición enteral mediante alimentación por vía oral en paciente pediátrico.

13. ¿En qué patologías está contraindicada la nutrición enteral mediante alimentación por sonda nasogástrica?

a) Parálisis faríngeas.
b) Pacientes inconscientes.
c) Obstrucciones nasofaríngeas o esofágicas.
d) Son ciertas a) y c).

14. Todo lo que se expone respecto al procedimiento de colocación de una sonda nasogástrica es cierto, excepto:

a) Se emplea como material lubricante hidrosoluble y gasas/ guantes desechables.
b) Colocar al paciente en posición de Fowler o Semifowler con la parte superior de la cama levantada.
c) Verificar que no existe ningún tipo de obstrucción en la boca y fosas nasales del paciente.
d) No se debe quitar la dentadura removible del paciente que la posea.

15. ¿Qué propiedad poseen las sondas nasogástricas no reactivas de éstas?

a) Se endurecen con el uso.
b) Son más rígidas que las de polietileno.
c) Se deben cambiarse cada 3 a 4 días.
d) Son más fáciles de colocar que las de polietileno.

16. ¿Qué sonda nasogástrica es la más empleada en nutrición enteral? Sonda de:

a) Levín.
b) Salem.
c) Foucher.
d) Cantor.

17. ¿Qué sonda es la indicada en el caso de sangrado digestivo por varices esofágicas? Sonda de

a) Foucher.
b) Blakemore-Sengstaken.
c) Levín.
d) Miller-Abbott.

18. Para iniciar la alimentación con sonda nasogástrica el contenido gástrico residual no debe superar al menos un volumen de:

a) 25 c.c.
b) 50 c.c.
c) 150 c.c.
d) 350 c.c.

19. ¿Qué lugares de éstos no suele emplearse para realizar enterostomías?

a) Estómago.
b) Yeyuno.
c) Faringe.
d) Íleon.

20. Para evitar regurgitaciones se debe colocar al paciente alimentado mediante gastrostomía en la posición de:

a) Roser.
b) Fowler.
c) Morestin.
d) Trendelembürg.

En MADTEST tienes **más preguntas de este tema**, y todos tus avances quedan registrados y se reflejan en el ranking.

¡Supera tus límites con MADTEST!

Solución al test n.º 21

1. b) Reacciones catabólicas.

2. b) Alimentos plásticos.

3. d) 125,52 kilojulios.

4. b) 5,97 calorías.

5. b) Metabolismo basal.

6. d) Dieta líquida.

7. c) 9 kilocalorías.

8. d) Las opciones b y c son correctas.

9. c) Proteínas de alto valor biológico.

10. c) Disacáridos.

11. b) Fowler.

12. b) Nutrición enteral mediante alimentación por sonda nasogástrica.

13. c) Obstrucciones nasofaríngeas o esofágicas.

14. d) No se debe quitar la dentadura removible del paciente que la posea.

15. d) Son más fáciles de colocar que las de polietileno.

16. a) Levin.

17. b) Blakemore-Sengstaken.

18. c) 150 c.c.

19. d) Íleon.

20. b) Fowler.

TEST N.º 22

Medidas preventivas en Salud: Conceptos generales. Antisépticos. Desinfectantes. Esterilización (métodos de esterilización, manipulación y conservación del material estéril). Infección Nosocomial, medidas preventivas. Aislamiento hospitalario: Concepto, tipos y descripción. Gestión de residuos sanitarios

1. ¿Qué agente transmite la sarna?

a) VIH (SIDA).
b) *Sarcoptes scabiei.*
c) *Clostridium tetani.*
d) COVID-19

2. ¿Qué característica no cumple el agente causal de una enfermedad transmisible?

a) Es capaz de reproducirse.
b) Es exógeno.
c) Es único.
d) Puede ser exógeno o endógeno.

3. ¿A qué tipo de enfermedad corresponde la definición: "es la enfermedad que cumple una serie de características básicas, ya que precisa de un agente causal, que suele ser único, exógeno, capaz de reproducirse"?

a) Enfermedad transmisible.
b) Enfermedad contagiosa.
c) Enfermedad infecciosa.
d) Peritonitis.

4. ¿A qué corresponde esta definición: "asociación con beneficios para agente y huésped"?

a) Parasitismo.
b) Simbiosis.

c) Comensalismo.

d) Amebiasis.

5. En epidemiología se entiende por virulencia:

a) La habilidad de un agente causal para producir reacción inmunológica local o general.

b) El grado o cantidad de enfermedad que puede producir el agente causal.

c) La capacidad para dar lugar a una enfermedad, una vez infectado un huésped.

d) La cantidad de eslabones que posee una enfermedad transmisible.

6. ¿A qué grupo pertenece aquel biológico que resulta poco probable que cause una enfermedad en el hombre, en función del riesgo de infección? Grupo…

a) 1.

b) 2.

c) 3.

d) 4.

7. Se define como infectividad:

a) La capacidad de virulencia del agente causal.

b) La capacidad para ocasionar o dar lugar a una enfermedad.

c) El grado o cantidad de enfermedad que puede producir el agente causal.

d) La capacidad para multiplicarse el agente causal en los tejidos, dando o no lugar enfermedad.

8. ¿Cuáles son los factores epidemiológicos secundarios?

a) CIIma.

b) Tabaco.

c) Sexo.

d) Clima y sexo.

9. La triada epidemiológica relaciona:

a) Al agente causal, huésped susceptible y ambiente.

b) Al agente causal, huésped susceptible y reservorio.

c) Al agente causal, huésped susceptible y mecanismo de transmisión.

d) Al agente causal, huésped susceptible y factores epidemiológicos secundarios.

10. ¿Cuál de estas se considera la fuente de infección más importante para el hombre en epidemiología?

a) Una fuente homóloga.

b) Una fuente heteróloga.

c) Fuente animal.
d) Fuente inanimada.

11. ¿Por qué es necesario el uso de guantes estériles en cirugía?

a) Para complementar el lavado de mano, aunque este es ya seguro.
b) Porque el lavado de manos quirúrgico no garantiza la eliminación de los microorganismos.
c) No se emplean guantes estériles en cirugía.
d) En cirugía se emplean guantes desechables no estériles que complementar el lavado de mano.

12. ¿Qué prenda es la primera que hay que ponerse para acceder a un área estéril?

a) Gorros.
b) Guantes.
c) Calzas.
d) Bata.

13. ¿Para cuántas intervenciones quirúrgicas sirve una mascarilla?

a) Exclusivamente para una.
b) Para dos o tres.
c) Para varias, mientras dure su material frente a la esterilización.
d) Para siempre, ya que es esterilizable.

14. ¿Qué método se emplea para la destrucción de todos los microorganismos y formas de resistencia de los mismos (esporas)?

a) Antisepsia.
b) Desinfección
c) Esterilización.
d) Fumigación.

15. ¿Cuál de estos mecanismos de acción no se emplea en esterilización?

a) Muerte por calor.
b) Muerte por frío.
c) Muerte por agente químico.
d) Muerte por radiación.

16. ¿Cuál de estas técnicas de esterilización es en "frío"?

a) Mediante autoclave.
b) Mediante horno Pasteur.
c) Mediante flameado.
d) Mediante radiación gamma.

17. ¿A qué presión irá el autoclave (en atmósferas) como medio de esterilización de material si se utiliza a 120 ºC?

a) 1 atmósfera.
b) 2 atmósferas.
c) 3 atmósferas.
d) 4 atmósferas.

18. ¿A qué temperatura o ciclos de temperatura se esteriliza en autoclave material en contacto con priones?

a) Ciclos de vapor de 121 ºC.
b) Ciclos de vapor de 125 ºC
c) Ciclos de vapor de 140 ºC.
d) Ciclos de vapor de 180 ºC.

19. ¿Cuál de las siguientes ventajas e inconvenientes del autoclave es falsa?

a) Es un medio de esterilizar barato, sencillo, rápido y eficaz.
b) Es aplicable a una gran gama de materiales.
c) Las altas temperaturas de la técnica desestructura el material.
d) Son correctas todas las respuestas anteriores.

20. ¿Qué procedimiento de esterilización por calor es aquel que consiste en el uso de hornos crematorios para quemar el material de un solo uso y otros contaminados biológicamente?

a) Flameado.
b) Horno Pasteur.
c) Poupinel.
d) Incineración.

En MADTEST tienes **más preguntas de este tema**, y todos tus avances quedan registrados y se reflejan en el ranking.

¡Supera tus límites con MADTEST!

Solución al test n.º 22

1. b) *Sarcoptes scabiei.*

2. d) Puede ser exógeno o endógeno.

3. a) Enfermedad transmisible.

4. b) Simbiosis.

5. b) El grado o cantidad de enfermedad que puede producir el agente causal.

6. a) 1.

7. d) La capacidad para multiplicarse el agente causal en los tejidos, dando o no lugar enfermedad.

8. d) Clima y sexo.

9. a) Al agente causal, huésped susceptible y ambiente.

10. a) Una fuente homóloga.

11. b) Porque el lavado de manos quirúrgico no garantiza la eliminación de los microorganismos.

12. c) Calzas.

13. a) Exclusivamente para una.

14. c) Esterilización.

15. b) Muerte por frío.

16. d) Mediante radiación gamma.

17. a) 1 atmósfera.

18. c) Ciclos de vapor de 140 ºC.

19. d) Son correctas todas las respuestas anteriores.

20. d) Incineración.

TEST N.º 23

Cuidados al recién nacido sano: Recién nacido sano. Cuidados generales. Parámetros de desarrollo y crecimiento. Detección precoz de enfermedades congénitas y metabólicas. Cuidados al recién nacido enfermo: Recién nacido de bajo peso. Prematuro. Crisis Convulsivas. Insuficiencia respiratoria aguda. Problemas gastrointestinales agudos. Deshidratación. Valoración integral. Identificación de problemas más prevalentes del niño y de la familia

1. De las siguientes medidas que permiten la clasificación del recién nacido, señala la incorrecta:

a) La adecuación del peso a la edad gestacional.
b) El color.
c) El perímetro cefálico.
d) La edad gestacional.

2. El Test de Apgar se realiza:

a) Nunca.
b) Al minuto y a los cinco minutos.
c) A los cinco minutos y a la hora.
d) Si está el recién nacido mal, cada 5 minutos, hasta su estabilización.

3. ¿Qué parámetro no se valora en el test de Apgar?

a) Frecuencia cardiaca.
b) Frecuencia respiratoria.
c) Coloración.
d) Irritabilidad refleja.

4. El perímetro cefálico del recién nacido normal oscila entre:

a) 40-45 cm.
b) 40-42 cm.

c) 32-35 cm.
d) 20 cm.

5. ¿Qué es el lanugo?

a) Aparece con frecuencia sobre la región sacra y suele desparecer al año de vida.
b) El vello que aparece en brazos y en el dorso del recién nacido a término.
c) Es de aspecto blanquecino que recubre la piel del feto y que desaparece a las pocas horas de vida.
d) Pequeños quistes sebáceos.

6. El unto sebáceo, de aspecto blanquecino, que recubre la piel del feto y que desaparece a las pocas horas de vida, se denomina:

a) Vérnix caseoso.
b) Lanugo.
c) Millium.
d) Ninguna es correcta.

7. En la valoración del recién nacido a término, ¿cuál de las siguientes frecuencias respiratorias se considera normal?

a) 10 a 15 r/min.
b) 15 a 20 r/min.
c) 35 a 60 r/min.
d) Superior a 80 r/min.

8. El meconio, en general, se expulsa:

a) En las primeras 48 horas de vida.
b) En la primera hora de vida.
c) A los cinco días del nacimiento.
d) A partir de la semana de nacimiento.

9. El meconio es de color:

a) Café verdoso negruzco.
b) Negro.
c) Amarillo con vetas rojas.
d) Verde.

10. El meconio está compuesto por:

a) Bilis, mucosidad y orina.
b) Bilirrubina, hemoglobina y pigmentos biliares.

c) Bilis, restos epiteliales y líquido amniótico.
d) Bilis, orina y líquido pulmonar.

11. Señala los signos físicos que indican inmadurez fetal:

a) Piel dura, agrietada, arrugada.
b) Testículos descendidos con rugosidades abundantes.
c) Lanugo abundante, superficie plantar sin pliegues.
d) Todas son correctas.

12. Se considera recién nacido de bajo peso para la edad gestacional, todo aquel con:

a) Un peso inferior a 2.000 g.
b) Una edad gestacional inferior a 37 semanas.
c) Un peso inferior a 2.000 g y una edad gestacional por debajo de las 37 semanas.
d) Un peso inferior al percentil 10 para su edad gestacional.

13. El recién nacido prematuro es aquel que:

a) Nace antes de las 40 semanas de gestación.
b) Nace antes de las 37 semanas de gestación y pesa menos de 1500 g.
c) Nace antes de las 37 semanas de gestación independientemente del peso.
d) Nace entre la 37 y la 38 semanas de gestación.

14. Las convulsiones en la infancia pueden tener, como etiología conocida, todas las siguientes a excepción de:

a) Administración de medicamentos.
b) Procesos infecciosos.
c) Fiebre.
d) Traumatismos.

15. La madre de una niña que presenta convulsiones febriles simples desconoce hasta qué edad pueden presentarse. La respuesta del enfermero se basa en el conocimiento de los límites de edad en que son más propias; ¿cuál es esta franja?

a) De 6 meses a 5 años.
b) De 1 a 7 años.
c) De recién nacido a 2 años.
d) De 3 a 6 años.

16. El tratamiento farmacológico ante una convulsión febril en la infancia es:

a) Clonazepam.
b) Gabapentina.

c) Fenobarbital.
d) Midazolan.

17. En la planificación de cuidados del niño con gastroenteritis aguda y signos de deshidratación grave, la enfermera deberá tener presente que la base primordial del tratamiento es:

a) Fármacos antidiarreicos.
b) Protectores gástricos.
c) Sueroterapia.
d) Suspender la lactancia materna.

18. La celiaquía es una enfermedad intestinal crónica que se caracteriza por:

a) Intolerancia a la lactosa.
b) Intolerancia a las proteínas de la leche de vaca.
c) Intolerancia al gluten.
d) Intolerancia a los hidratos de carbono.

19. ¿Cuál es el objetivo principal de la prueba del talón en recién nacidos?

a) Detectar enfermedades endocrino-metabólicas antes de que presenten síntomas.
b) Determinar el grupo sanguíneo del bebé.
c) Evaluar el peso y la talla del recién nacido.
d) Diagnosticar enfermedades infecciosas al nacer.

20. ¿Cuál de los siguientes es un signo de alarma en un recién nacido de alto riesgo que requiere atención médica inmediata?

a) Dormir más de 16 horas al día.
b) Rechazo total del alimento o vómitos persistentes.
c) Llanto ocasional después de la alimentación.
d) Estornudos frecuentes sin fiebre.

En MADTEST tienes **más preguntas de este tema**, y todos tus avances quedan registrados y se reflejan en el ranking.

¡Supera tus límites con MADTEST!

Solución al test n.º 23

1. b) El color.

2. b) Al minuto y a los cinco minutos.

3. b) Frecuencia respiratoria.

4. c) 32-35 cm.

5. b) El vello que aparece en brazos y en el dorso del recién nacido a término.

6. a) Vérnix caseoso.

7. c) 35 a 60 r/min.

8. a) En las primeras 48 horas de vida.

9. a) Café verdoso negruzco.

10. c) Bilis, restos epiteliales y líquido amniótico.

11. d) Todas son correctas.

12. d) Un peso inferior al percentil 10 para su edad gestacional.

13. c) Nace antes de las 37 semanas de gestación independientemente del peso.

14. a) Administración de medicamentos.

15. a) De 6 meses a 5 años.

16. c) Fenobarbital.

17. c) Sueroterapia.

18. c) Intolerancia al gluten.

19. a) Detectar enfermedades endocrino-metabólicas antes de que presenten síntomas.

20. b) Rechazo total del alimento o vómitos persistentes.

TEST N.º 24

Cuidados en la infancia: Controles y visitas en Atención Primaria. Etapas de desarrollo. Alimentación y nutrición. Dieta equilibrada. Higiene. Salud bucodental. Prevención de accidentes: Hogar, escuela y tráfico. Detección y protocolo de malos tratos. Adquisición de hábitos saludables: El papel de la familia. Cuidados en la adolescencia: Características de la adolescencia. Adquisición de hábitos saludables. Alimentación y dieta equilibrada. Alteraciones alimentarias: Anorexia, bulimia y obesidad. Prevención de hábitos tóxicos: Alcohol, tabaco y drogas. Iniciación a la sexualidad. Métodos anticonceptivos. Prevención de enfermedades de transmisión sexual

1. ¿Cuál de estas consideras la causa más frecuente de mortalidad entre los 3 y los 5 años?

a) Enfermedades congénitas.
b) Accidentes.
c) Malnutrición.
d) Prematuridad.

2. ¿Qué se estudia en la somatometría en el período preescolar?

a) Examen de peso.
b) Examen de talla.
c) Examen de peso y talla.
d) Examen de peso, talla, perímetro craneal y perímetro torácico.

3. ¿Qué áreas valora el test de Denver modificado en el período preescolar?

a) Lenguaje y sociabilidad.
b) Manipulación (motor fino) y postural (motor grueso).

c) Lenguaje, manipulación (motor fino) y postural (motor grueso).

d) Lenguaje, manipulación (motor fino), postural (motor grueso) y sociabilidad.

4. ¿Qué accidentes son especialmente frecuentes y graves (aumentan la mortalidad en estas edades) en el período escolar?

a) Caídas.

b) Quemaduras.

c) Accidentes de tráfico.

d) Accidentes domésticos.

5. Se habla de enanismo cuando la talla está por:

a) Debajo de menos dos veces la desviación típica en relación con la media.

b) Debajo de menos tres veces la desviación típica en relación con la media.

c) Debajo de menos cuatro veces la desviación típica en relación con la media.

d) Nada de lo anterior es cierto.

6. La predicción de obesidad se relaciona mejor con su presencia en la edad:

a) Neonatal.

b) De lactancia.

c) Escolar.

d) Adolescente.

7. Se considera que existe obesidad en los niños, para su edad correspondiente, cuando el valor del IMC es superior al percentil:

a) 50.

b) 75.

c) 85.

d) 90.

8. ¿Cómo se conoce cuando se inicia la diversificación alimentaria en un lactante o proceso en el cual se inicia la combinación en la dieta de la leche (materna o /y de fórmula, artificial o maternizada) y de otros alimentos?

a) Inicio de Denver.

b) Inicio de Tanner.

c) Inicio de Quetelet.

d) Inicio de Beikost.

9. ¿En qué momento de la vida del infante se disminuirán las tomas de leche a tres, bien sea mediante lactancia materna o mediante lactancia artificial de continuación (leche adaptada)?

a) A los 1 a 3 meses de vida.
b) A los 3 a 4 meses de vida.
c) A los 5 meses de vida.
d) A los 6 meses de vida.

10. ¿Qué alimentos de estos se podrán dar al lactante durante el noveno o décimo mes de vida?

a) Yogurt natural.
b) Yema de huevo.
c) Son ciertas las respuestas a) y b).
d) No se pueden dar ninguno de los mencionados en las respuestas a) y b).

11. ¿Cuál es la hora más frecuente para llevar a cabo el baño del bebé?

a) Por la mañana, antes del desayuno.
b) Al mediodía, para prepararlo para la siesta.
c) Por la tarde, para prepararlo para la merienda.
d) Por la noche, para prepararlo para el sueño.

12. Respecto a la cuna del bebe todo lo que se expone es incorrecto, excepto que:

a) Debe contener mucha ropa, especialmente ligera.
b) Poseerá un colchón blando o muy blando.
c) Debe ser fija, sin balanceo, pero con ruedas, para poder desplazarla.
d) El colchón de la cuna no debe poseer funda impermeable, ya que aumenta la dermatitis del pañal.

13. ¿En qué período de edad de la infancia parece haber un aumento de la actividad de la caries?

a) Entre los 3 y los 5 años.
b) Entre los 5 y los 7 años.
c) Entre los 7 y los 11 años.
d) Entre los 11 y los 15 años.

14. ¿Con qué consumo de alimento comenzó el brote moderno de caries?

a) Con el consumo creciente de sacarosa.
b) Con el consumo creciente de fructosa.

c) Con el consumo creciente de mucopolisacárido.
d) Con el consumo creciente de proteína.

15. ¿Cuál de estas medidas consideras de prevención primaria en la caries dental?

a) Diagnóstico precoz.
b) Adecuada higiene bucodentaria.
c) Rehabilitación bucodental.
d) Tratamiento precoz.

16. ¿Qué alimento de estos consideras anticariógeno?

a) Xilitol.
b) Dulces.
c) Bebidas azucaradas.
d) Todos los anteriores.

17. Señala la afirmación correcta sobre los cambios en el tamaño corporal que tienen lugar durante la adolescencia:

a) La rápida aceleración del desarrollo físico que tiene lugar en todos los adolescentes ocurre unos dos años antes en los chicos que en las chicas.
b) Faust ha establecido que las niñas que alcanzan antes la madurez presentan mayor estatura y piernas más largas.
c) La maduración temprana es una ventaja para los chicos, ya que favorece sus relaciones con los compañeros al hacerlos más competitivos, atléticos y fuertes.
d) Todas son correctas.

18. Señala la afirmación correcta sobre las características sexuales en la pubertad:

a) La testosterona es una hormona producida en los ovarios.
b) El primer signo de la pubertad en las chicas es la menarquía.
c) El primer signo de la pubertad en los chicos es el crecimiento de los testículos seguido por la aparición de vello púbico y el desarrollo del pene.
d) Todas son correctas.

19. Para llegar a convertirse en adulto, el adolescente debe acometer una serie de tareas evolutivas que, en su momento, describió Havighurst; una de ellas es:

a) Adquirir un papel social masculino o femenino.
b) Aceptar el propio aspecto físico y utilizar el cuerpo eficientemente.
c) Adquirir un conjunto de valores y un sistema ético como guía de la conducta, desarrollar una ideología.
d) Todas son correctas.

20. En general, la trama de las relaciones entre padres e hijos en la adolescencia gira en torno a:

a) La cuestión de la independencia.
b) Los estudios.
c) Las relaciones de amistad.
d) Las salidas por ocio.

En MADTEST tienes **más preguntas de este tema**, y todos tus avances quedan registrados y se reflejan en el ranking.

¡Supera tus límites con MADTEST!

Solución al test n.º 24

1. b) Accidentes.

2. c) Examen de peso y talla.

3. d) Lenguaje, manipulación (motor fino), postural (motor grueso) y sociabilidad.

4. c) Accidentes de tráfico.

5. c) Debajo de menos cuatro veces la desviación típica en relación con la media.

6. c) Escolar.

7. d) 90.

8. d) Inicio de Beikost.

9. d) A los 6 meses de vida.

10. c) Son ciertas las respuestas a) y b).

11. d) Por la noche, para prepararlo para el sueño.

12. c) Debe ser fija, sin balanceo, pero con ruedas, para poder desplazarla.

13. d) Entre los 11 y los 15 años.

14. a) Con el consumo creciente de sacarosa.

15. b) Adecuada higiene bucodentaria.

16. a) Xilitol.

17. c) La maduración temprana es una ventaja para los chicos, ya que favorece sus relaciones con los compañeros al hacerlos más competitivos, atléticos y fuertes.

18. c) El primer signo de la pubertad en los chicos es el crecimiento de los testículos seguido por la aparición de vello púbico y el desarrollo del pene.

19. d) Todas son correctas.

20. a) La cuestión de la independencia.

TEST N.º 25

Sexualidad: Concepto. Reproducción. Métodos anticonceptivos. Prevención de enfermedades de transmisión sexual. Cuidados a personas con patrones sexuales inefectivos o disfunción sexual: Valoración integral

1. La mayor producción de estrógenos se produce 24-36 horas antes de la ovulación y ocasiona que:

a) Aumente la FSH.
b) Disminuya la LH.
c) Ocurra la fecundación.
d) Se produzca la menstruación.

2. Indica cuál de las siguientes es una función del ovario durante la ovulación:

a) La degeneración del cuerpo albicans.
b) La formación del cuerpo amarillo.
c) El folículo primordial.
d) La liberación del óvulo maduro.

3. ¿Cuáles son las modificaciones que sufre la capa mucosa que recubre la cavidad uterina (endometrio) durante el ciclo menstrual?

a) Menstrual y proliferativa.
b) Hemorrágica, proliferativa y secretora.
c) Proliferativa y de descamación.
d) Descamación y menstrual.

4. ¿En qué fases se divide el ciclo endometrial?

a) Fase proliferativa, fase secretora.
b) Fase proliferativa, fase secretora y fase hemorrágica.
c) Fase isquémica, fase secretora.
d) Fase proliferativa, fase isquémica y climaterio.

5. ¿Cómo se denomina al folículo de De Graaf cuando se colapsa?

a) Cuerpo albicans.
b) Cuerpo fibroso.
c) Folículo maduro.
d) Cuerpo lúteo o amarillo.

6. ¿Qué se produce en el ovario durante la ovulación?

a) La formación del cuerpo amarillo.
b) La liberación del óvulo maduro.
c) La fecundación.
d) El folículo primordial.

7. Existe evidencia sobre un efecto protector que aumenta con el tiempo y que permanece más de 20 años después de dejar los ACO sobre:

a) El cáncer de cérvix invasor.
b) El cáncer de mama.
c) Tumores hepáticos.
d) Cáncer de endometrio y ovario.

8. El proceso que se inicia tras la fecundación de los gametos para dar lugar al embrión se denomina:

a) Embriogénesis.
b) Fecundación.
c) Concepción.
d) Postovulación.

9. ¿En qué fase se implanta en el útero el cigoto?

a) En estadio de mórula.
b) En estadio de 32 células.
c) En estadio de blastocisto.
d) En estadio de blastómeros.

10. Con respecto al desarrollo embrionario, señala la respuesta correcta:

a) El producto de la concepción hacia la semana 15 se denomina embrión.
b) El producto de la concepción durante las primeras 4 semanas se denomina feto.
c) Se denomina embrión hasta la semana 12 de gestación.
d) Todas las respuestas anteriores son falsas.

11. En el desarrollo intrauterino del feto, ¿en qué momento se puede decir que tiene todo sus órganos formados?

a) En la semana 12.
b) En la semana 27.
c) En la semana 14.
d) En la semana 8.

12. Del desarrollo embrionario, ¿cuál de las siguientes respuestas es la correcta?

a) En la etapa embrionaria el embrión empieza el desarrollo muscular y aparece el lanugo.
b) La etapa embrionaria comprende hasta la 16.ª semana después de la concepción llegando a medir alrededor de 9 cm en sentido cefalocaudal.
c) La etapa de cigoto comprende los primeros 7 días del desarrollo humano.
d) La etapa embrionaria se inicia en la tercera semana después de la concepción hasta alrededor de la octava semana de gestación.

13. ¿Cuáles son los componentes del líquido amniótico?

a) Líquido pulmonar, bilis.
b) Líquido pulmonar, restos epiteliales y orina.
c) Líquido pulmonar, orina.
d) Líquido pulmonar, orina y bilis.

14. La formación de la placenta se completa alrededor del:

a) Primer mes de embarazo.
b) Segundo mes de embarazo.
c) Tercer o cuarto mes de embarazo.
d) Quinto mes de embarazo.

15. ¿De qué elemento embrionario procede la placenta?

a) Mórula.
b) Embrioblasto.
c) Trofoblasto.
d) Ovocito.

16. En relación con los métodos anticonceptivos, indica la respuesta correcta:

a) Los espermicidas son un método muy fiable.
b) El preservativo tiene una seguridad del 98 %.
c) El método Ogino produce una esterilidad irreversible.
d) Los anticonceptivos hormonales (ACO) no tienen contraindicaciones.

17. El método anticonceptivo más efectivo para prevenir las enfermedades de transmisión sexual es:

a) Píldora anticonceptiva.
b) DIU.
c) Preservativos.
d) Diafragma.

18. ¿Cuál de los siguientes es un objetivo principal de la promoción de la salud sexual?

a) Prevenir exclusivamente las infecciones de transmisión sexual (ITS).
b) Facilitar el acceso a información, servicios y derechos para disfrutar de una vida sexual saludable.
c) Reducir la cantidad de parejas sexuales en la población.
d) Limitar la sexualidad a contextos reproductivos.

19. ¿Qué estrategia de promoción de la salud sexual se enfoca en la implementación de programas educativos que promueven la igualdad de género y la toma de decisiones informadas?

a) Acceso a servicios de salud sexual y reproductiva.
b) Campañas de comunicación masiva.
c) Redes de apoyo comunitarias.
d) Educación sexual integral (ESI).

20. ¿Cuál de los siguientes NO es un beneficio de la promoción de la salud sexual?

a) Mejora del bienestar individual y colectivo.
b) Reducción de riesgos como las ITS y los embarazos no deseados.
c) Limitación de los derechos sexuales a personas heterosexuales.
d) Reducción de la estigmatización y discriminación hacia personas por su orientación sexual o identidad de género.

En MADTEST tienes **más preguntas de este tema**, y todos tus avances quedan registrados y se reflejan en el ranking.

¡Supera tus límites con MADTEST!

Solución al test n.º 25

1. b) Disminuya la LH.

2. d) La liberación del óvulo maduro.

3. b) Hemorrágica, proliferativa y secretora.

4. b) Fase proliferativa, fase secretora y fase hemorrágica.

5. d) Cuerpo lúteo o amarillo.

6. b) La liberación del óvulo maduro.

7. d) Cáncer de endometrio y ovario.

8. a) Embriogénesis.

9. c) En estadio de blastocisto.

10. d) Todas las respuestas anteriores son falsas.

11. d) En la semana 8.

12. d) La etapa embrionaria se inicia en la tercera semana después de la concepción hasta alrededor de la octava semana de gestación.

13. b) Líquido pulmonar, restos epiteliales y orina.

14. c) Tercer o cuarto mes de embarazo.

15. c) Trofoblasto.

16. b) El preservativo tiene una seguridad del 98 %.

17. c) Preservativos.

18. b) Facilitar el acceso a información, servicios y derechos para disfrutar de una vida sexual saludable.

19. d) Educación sexual integral (ESI).

20. c) Limitación de los derechos sexuales a personas heterosexuales.

Cuidados a mujeres en el climaterio: Cambios. Fomento de hábitos saludables. Prevención y control de riesgos. Educación para la salud individual y grupal. Cuidados a la mujer gestante: Cuidados generales de la mujer gestante. Cambios fisiológicos. Alimentación. Higiene. Problemas más frecuentes en la gestación. Educación maternal. Puerperio. Cambios fisiológicos y psicológicos. Lactancia. Plan de cuidados Embarazo-Parto–Puerperio

1. La vía de administración de estrógenos en pacientes en el periodo del climaterio puede ser:

a) Oral.
b) Intranasal.
c) Transdérmica.
d) Todas son ciertas.

2. La terapia hormonal sustitutiva a largo plazo:

a) Alivia los sofocos.
b) Mejora la libido.
c) Disminuye el riesgo cardiovascular.
d) Mejora las sudoraciones.

3. La terapia hormonal sustitutiva en pacientes en el periodo del climaterio está contraindicada en el caso de que la paciente presente:

a) Hepatomegalia.
b) Diabetes grave con lesiones vasculares.
c) Endometriosis.
d) Todas son ciertas.

4. Si tenemos una mujer en el climaterio tratada con terapia hormonal sustitutiva y le ponen la pauta 4 tomará:

a) Estrógenos equinos 21 días o continuos orales y progesterona micronizada 10-14 días.

b) 17-Beta-Estradiol vía dérmica dos días a la semana de forma continua pero la progesterona micronizada de forma continua el primer mes bajando dosis a partir del segundo.

c) Estrógeno solo en la primera fase y estrógeno más gestágeno en la segunda, de gran utilidad en la perimenopausia.

d) Ninguna es cierta.

5. Si nuestra paciente de 50 años toma estrógenos sin descanso y progesterona durante 10-14 días del ciclo, podemos afirmar que está en una pauta:

a) Continua secuencial.

b) Cíclica.

c) Continua combinada.

d) Basal.

6. ¿Cuál es la cantidad de yodo suplementario que necesita una mujer embarazada?

a) De 300 a 400 mcg/día.

b) De 700 a 1.000 mcg/día.

c) De 500 a 600 mcg/día.

d) Alrededor de 200 mcg/día.

7. Se recomienda tomar ácido fólico, antes de producirse el embarazo y durante las primeras semanas de gestación con el fin de evitar la aparición de:

a) Síndrome de Turner.

b) Defectos del tubo neural.

c) Malformaciones cardiacas.

d) Síndrome de Down.

8. Gestante de 38 años, acude a la matrona de su centro de salud para realizar el cribaje de la diabetes gestacional (test de O`Sullivan); ¿en qué semana debe realizar esta prueba?

a) Embarazo de riesgo entre las 20 y 24 semanas de gestación.

b) Se debe realizar a embarazadas que han padecido diabetes gestacional en embarazos anteriores, en la semana 20.

c) Embarazadas entre las 24 y 28 semanas de gestación.

d) No se debe realizar esta prueba a no ser por malformación congénita.

9. ¿Qué es cierto del control ecográfico entre las 8 y 12 semanas de la gestación?

a) Se puede valorar la ubicación de la placenta.
b) Identifica el retraso de crecimiento tipo I.
c) Se detecta la presencia de actividad cardiaca fetal.
d) Identifica el sexo fetal.

10. Para prevenir las convulsiones de la preeclampsia grave, la medicación que utilizaríamos sería:

a) Sulfato de magnesio.
b) Fenitoína.
c) Fenobarbital.
d) Antagonistas del calcio.

11. ¿Cómo puede identificar la presencia de hipertensión arterial después de la semana veinte de gestación?

a) Si la tensión es superior a 130 mmHg en la tensión diastólica y a 70 mmHg en la sistólica.
b) Conociendo la tensión desde el inicio del embarazo y haciendo controles mensuales de la misma.
c) Si la tensión arterial sistólica aumenta 30 mmHg o más o si la tensión diastólica aumenta 15 mmHg o más a los valores previos al embarazo.
d) Si la tensión diastólica está por encima de los 115 mmHg y la sistólica es superior a 90 mm Hg.

12. Sobre el test de tolerancia oral de la glucosa, ¿cuál de las siguientes respuestas es la correcta?

a) Su resultado es de intolerancia si su resultado está un 5 % por encima de los valores normales.
b) Su resultado indica diabetes gestacional si hay dos o más valores que igualan o superan los límites.
c) Su resultado es normal si todos los valores son superiores a los límites normales en un 2 %.
d) Su resultado es normal si está por debajo de 60 mg/dl.

13. Para que se produzca una isoinmunización Rh, ¿qué circunstancia debe darse?

a) Madre Rh– e hijo Rh– en la segunda gestación, si no se le ha administrado gammaglobulina anti D a la madre después de la primera gestación.
b) Madre Rh– e hijo Rh¬+ en la segunda gestación, si no se le ha administrado gammaglobulina anti D a la madre después de la primera gestación.
c) Madre Rh+ e hijo Rh– en la primera gestación.
d) Madre Rh+ e hijo Rh+ en la primera gestación, sin que se haya producido sensibilización previa.

14. La inmoglobulina anti-D no está indicada:

a) Después de un aborto.
b) En pacientes sensibilizadas Rh.
c) En madres Rh- y feto Rh+.
d) Todas las respuestas son correctas.

15. Fases o etapas de las que se compone un parto:

a) Periodos de parto.
b) Periodo de dilatación y expulsión.
c) Periodo de expulsión y alumbramiento.
d) Periodo de dilatación, dividido a su vez en fase latente y activa de parto, periodo de expulsivo y periodo de alumbramiento.

16. ¿En qué etapa del embarazo suele consolidarse el vínculo emocional de la mujer gestante con el feto?

a) Primer trimestre.
b) Segundo trimestre.
c) Tercer trimestre.
d) Etapa postnatal.

17. ¿Cuál de los siguientes factores puede influir en los cambios psicológicos de la mujer durante el embarazo?

a) Historia de salud mental previa.
b) Nivel de apoyo social.
c) Estrés financiero o social.
d) Todas las anteriores.

18. ¿Cuál es una intervención clave del personal de enfermería para apoyar a la mujer gestante en los cambios psicológicos durante el embarazo?

a) Proporcionar información sobre técnicas de reducción de estrés.
b) Fomentar el aislamiento social.
c) Evitar hablar sobre los miedos de la paciente.
d) Aconsejar que no realice ninguna actividad física.

19. De los siguientes síntomas uno no es propio de la inversión uterina; señala cuál es:

a) Hemorragia vaginal profusa después de la salida fetal.
b) Dolor debido a la hipertonía que se produce.

c) Bradicardia.
d) Shock materno profundo.

20. Señala cuál de los siguientes factores NO favorece la involución uterina:

a) Un trabajo de parto y parto sin complicaciones.
b) La lactancia materna y deambulación precoz.
c) La vejiga llena.
d) Todas las respuestas son falsas.

En MADTEST tienes **más preguntas de este tema**, y todos tus avances quedan registrados y se reflejan en el ranking.

¡Supera tus límites con MADTEST!

Solución al test n.º 26

1. d) Todas son ciertas.

2. c) Disminuye el riesgo cardiovascular.

3. d) Todas son ciertas.

4. c) Estrógeno solo en la primera fase y estrógeno más gestágeno en la segunda, de gran utilidad en la perimenopausia.

5. a) Continua secuencial.

6. d) Alrededor de 200 mcg/día.

7. b) Defectos del tubo neural.

8. c) Embarazadas entre las 24 y 28 semanas de gestación.

9. c) Se detecta la presencia de actividad cardiaca fetal.

10. a) Sulfato de magnesio.

11. c) Si la tensión arterial sistólica aumenta 30 mmHg o más o si la tensión diastólica aumenta 15 mmHg o más a los valores previos al embarazo.

12. b) Su resultado indica diabetes gestacional si hay dos o más valores que igualan o superan los límites.

13. b) Madre Rh− e hijo Rh+ en la segunda gestación, si no se le ha administrado gammaglobulina anti D a la madre después de la primera gestación.

14. b) En pacientes sensibilizadas Rh.

15. d) Periodo de dilatación, dividido a su vez en fase latente y activa de parto, periodo de expulsivo y periodo de alumbramiento.

16. b) Segundo trimestre.

17. d) Todas las anteriores.

18. a) Proporcionar información sobre técnicas de reducción de estrés.

19. c) Bradicardia.

20. c) La vejiga llena.

Valoración y cuidados de enfermería en el anciano. Principales cambios en el proceso de envejecimiento: Fisiológicos, psicológicos y sociales. Prevención de accidentes y deterioros cognitivos. Hábitos dietéticos. Orientación para el autocuidado. Principales problemas. Valoración de la situación familiar y social. El apoyo al cuidador principal y familia

1. El dispositivo geriátrico denominado "hospital de día geriátrico" pertenece al nivel asistencial:

a) Primario.
b) Secundario.
c) Terciario.
d) Atención de urgencias.

2. Los dispositivos geriátricos que se ubican en el primer nivel asistencial se sitúan en:

a) La Atención Primaria.
b) La Atención Especializada.
c) La Atención Terciaria.
d) La Atención de Urgencias.

3. Tomando como referencia los fundamentos de la atención al anciano, la metodología del acto geriátrico no pasa por:

a) Valorar la situación de las necesidades de la persona, sobre todo lo referido a las actividades de la vida diaria (AVD) de la forma más real posible.
b) Para identificar mejor el nivel de la situación proponer al paciente su realización y observar.
c) Intentar no marcar la "hora" de realización ni el tiempo, dejar al anciano que siga su ritmo.
d) Proponer objetivos demasiado ambiciosos pasando de inmediato al nivel superior.

4. Con respecto a las modificaciones funcionales cardiovasculares que aparecen en el anciano sano, ¿cuál de las siguientes modificaciones no es correcta?

a) Disminución de la fuerza de contracción miocárdica.
b) Disminución del gasto cardiaco.
c) Alargamiento de la duración de la sístole y la diástole.
d) Modificación de la tensión arterial.

5. Con respecto a las modificaciones de la piel que aparecen en el anciano sano, ¿cuál de las siguientes modificaciones no es correcta?

a) Atrofia de las glándulas sebáceas.
b) El colágeno se hace más rígido.
c) Aumento de grasa subcutánea.
d) Piel seca y frágil.

6. Con respecto a las modificaciones de la boca y dentadura que aparecen en el anciano sano, ¿cuál de las siguientes modificaciones no es correcta?

a) Aumento de la producción de saliva.
b) Desgaste del esmalte y la dentina.
c) Aumento del cemento.
d) Atrofia gingival.

7. Tomando como referencia las modificaciones fisiológicas del anciano y más concretamente las alteraciones funcionales respiratorias, indique la opción cierta:

a) Una disminución de la frecuencia respiratoria.
b) Un aumento de la capacidad vital.
c) Aumento del volumen residual.
d) Disminución del volumen respiratorio.

8. ¿Cuál de los siguientes factores provocan la reducción de la estatura en los ancianos sanos?

a) Compresión de los discos y cuerpos vertebrales.
b) Cifosis dorsal con flexión de las extremidades superiores.
c) Aumento de la rigidez del hueso.
d) En los ancianos sanos no hay una reducción de la estatura.

9. Durante el envejecimiento normal se produce alteraciones de la memoria:

a) Sensorial.
b) A corto plazo.

c) Semántica.
d) A largo plazo.

10. En la valoración afectiva y perceptiva del anciano podemos utilizar la denominada Rating Scale para Depresión de Hamilton. ¿Dónde está la puntuación de corte en esta escala para diagnosticar depresión mayor?

a) 30.
b) 7.
c) 13.
d) 18.

11. Incluimos a un anciano en una valoración social, y para ello hemos utilizando la denominada escala social de Gijón obteniendo un resultado de 13. ¿Cuál sería la interpretación correcta?

a) Aceptable situación social.
b) Existe riesgo social.
c) Problema social instaurado.
d) Aislamiento social.

12. ¿Qué enfermera es considerada la primera en iniciar los primeros estudios sobre valoración geriátrica?

a) Marjory Gordon.
b) Marjory Warren.
c) Nancy Roper.
d) Imogene King.

13. De las siguientes opciones, ¿cuál considerarías que no es una ventaja de la denominada valoración geriátrica integral?

a) Mejora la exactitud diagnóstica y la identificación de enfermedades o problemas que fácilmente no se han detectado con la valoración médica tradicional.
b) No permite analizar las posibles interacciones existentes entre los problemas detectados en los distintos niveles de la valoración (física, funcional, psíquica y social).
c) Identificar la situación de partida del paciente lo que nos permitirá tanto predecir su evolución como advertir los cambios que se presenten a lo largo del tiempo.
d) Establecer un escenario adecuado para el anciano con el fin de evitar la institucionalización y cuando ésta se produce valorar la ubicación más adecuada.

14. ¿Qué tipo de valoración es considerada por la OMS como la mejor forma de medir la salud de los mayores, ya que función y enfermedad van a estar relacionadas?

a) Valoración funcional.
b) Valoración clínica.

c) Valoración crítica.
d) Valoración por aparatos y sistemas.

15. De las siguientes actividades que podemos realizar las personas, ¿cuál es considerada como una actividad básica de la vida diaria?

a) Cocinar.
b) Realizar la compra.
c) Utilizar el teléfono.
d) Vestirse.

16. Incluimos a un anciano en una valoración de las actividades de la vida diaria, para ello hemos utilizando el denominado Índice de Barthel obteniendo un resultado de 18; ¿cuál sería la interpretación correcta?

a) Dependencia leve o independencia.
b) Dependencia moderada.
c) Dependencia moderada.
d) Dependencia severa.

17. ¿Cuál de los siguientes instrumentos de valoración está diseñado para valorar las actividades instrumentales de la vida diaria?

a) Escala de la Incapacidad Física de la Cruz Roja.
b) Índice de Katz.
c) Índice de Lawton y Brody.
d) Escala de Tinetti.

18. El instrumento más utilizado en Valoración Geriátrica Integral para valorar la movilidad de un individuo a través de la marcha y el equilibrio es:

a) Escala de la Incapacidad Física de la Cruz Roja.
b) Escala OARS.
c) Índice de Lawton y Brody.
d) Escala de Tinetti.

19. Incluimos a un anciano en una valoración cognitiva, para ello hemos utilizando el denominado Short Portable Mental Status Questionnaire de Pfeifer (SPMSQ) obteniendo un resultado de 3. ¿Cuál sería la interpretación correcta?

a) Deterioro intelectual moderado.
b) Deterioro intelectual leve.
c) Se considera normal.
d) Deterioro intelectual severo.

20. ¿Cuál de los siguientes no es considerado un instrumento de valoración del área cognitiva?

a) Test del reloj de Shulman.
b) Test de Blessed.
c) Mini Mental State Examination de Folstein (MMSE).
d) Escalas de Yesavage.

Solución al test n.º 27

1. b) Secundario.

2. a) La Atención Primaria.

3. d) Proponer objetivos demasiado ambiciosos pasando de inmediato al nivel superior.

4. b) Disminución del gasto cardiaco.

5. c) Aumento de grasa subcutánea.

6. a) Aumento de la producción de saliva.

7. d) Disminución del volumen respiratorio.

8. a) Compresión de los discos y cuerpos vertebrales.

9. b) A corto plazo.

10. d) 18.

11. b) Existe riesgo social.

12. b) Marjory Warren.

13. b) No permite analizar las posibles interacciones existentes entre los problemas detectados en los distintos niveles de la valoración (física, funcional, psíquica y social).

14. a) Valoración funcional.

15. d) Vestirse.

16. d) Dependencia severa.

17. c) Índice de Lawton y Brody.

18. d) Escala de Tinetti.

19. b) Deterioro intelectual leve.

20. d) Escalas de Yesavage.

Cuidados a la persona en situación terminal: Valoración integral y planes de cuidados estandarizados a personas en situación terminal. Cuidados paliativos. Dolor, características y escalas de medida. Atención al paciente y familia. Duelo. Características y tipos de duelo. Fases del duelo. Manejo del duelo. Atención después de la muerte

1. ¿Cuál es el objetivo principal de la sedación paliativa?

a) Acelerar la muerte del paciente.
b) Aliviar el sufrimiento refractario en la fase terminal.
c) Inducir el sueño profundo en todos los pacientes en cuidados paliativos.
d) Evitar la comunicación del paciente con la familia.

2. ¿Cuál de los siguientes medicamentos es más utilizado en la sedación paliativa?

a) Paracetamol.
b) Ibuprofeno.
c) Midazolam.
d) Furosemida.

3. ¿Qué pronóstico (en meses) de vida es el promedio general en pacientes terminales?

a) Está limitado a 2 meses (± 1).
b) Está limitado a 3 meses (± 2).
c) Está limitado a 6 meses (± 3).
d) Está limitado a 9 meses (± 3).

4. ¿Qué aspecto no es cierto de la situación terminal de un paciente?

a) Se caracteriza por un intenso sufrimiento y una alta demanda asistencial.
b) Los enfermos sufren síntomas multifactoriales, cambiantes y de intensidad variable.
c) El pronóstico de vida está limitado a 6 meses (± 3).
d) Presentan una enfermedad avanzada y progresiva, con ciertas posibilidades razonables de respuesta al tratamiento específico.

5. Respecto a los cuidados paliativos no es cierto que:

a) Mejoran la calidad de vida de los pacientes y de sus familias.
b) Alivian el dolor y otros síntomas.
c) Aceleran la muerte.
d) Afirman la vida, y consideran la muerte como un proceso normal.

6. En un enfermo terminal sometido a cuidados paliativos desde el momento inicial del diagnóstico y su comunicación, es prioritario a nivel conceptual:

a) El abordaje integral que propone el modelo de los cuidados paliativos.
b) Salvar la vida del paciente.
c) Ayudar exclusivamente a los familiares.
d) El control de hijos menores del paciente.

7. Según los principios planteados por Beauchamp y Childress sobre la bioética de los cuidados paliativos ¿Cuál es aquel que dice: "todas las personas tienen igual dignidad y merecen igual consideración y respeto"?

a) Principio de autonomía.
b) Principio de beneficencia.
c) Principio de integridad.
d) Principio de justicia.

8. ¿Qué principio básico según Beauchamp y Childress, se sintetiza con la expresión latina "primum non nocere"?

a) Justicia.
b) No maleficencia.
c) Autonomía.
d) Beneficencia.

9. La expresión desgraciada de un profesional sanitario sobre un enfermo terminal como "Ya no hay nada que hacer" contraviene el principio de:

a) Autonomía.
b) Beneficencia.
c) Integridad.
d) Justicia.

10. La utilización de medidas extraordinarias que no reportan ningún beneficio al enfermo, para prolongar su vida se denomina:

a) Eutanasia.
b) Eugenesia.
c) Distanasia.
d) Ortotanasia.

11. ¿En qué tipo de actuaciones se basan los cuidados paliativos?

a) Eutanasia.
b) Eugenesia.
c) Distanasia.
d) Ortotanasia.

12. ¿En qué base terapéutica se fundamenta la ortotanasia?

a) En la lucha contra las enfermedades infecciosas.
b) En la aplicación de medidas rehabilitadoras y fisioterapéuticas.
c) En la aplicación de cuidados postmorten.
d) Ninguna de las anteriores es cierta.

13. Respecto al duelo:

a) Existen duelos normales.
b) Existen duelos patológicos.
c) No todos los duelos se desarrollan de la misma manera.
d) Todo lo anterior es cierto.

14. ¿En qué fase aparece un estado de shock que se expresa con sensación de perplejidad estupor y entumecimiento emocional?:

a) Fase de embotamiento.
b) Fase de anhelo y búsqueda.
c) Fase de desorganización y desesperanza.
d) Fase de reorganización.

15. Es fundamental para la resolución del duelo:

a) El alejamiento del lugar del deceso.
b) La información veraz sobre la situación.
c) Exteriorizar las emociones y el dolor.
d) Aplicar técnicas de relajación y respiración.

16. ¿Cuánto es el tiempo más aceptado para que el proceso de duelo termine de una forma normal?:

a) Un año.
b) Dos años.
c) Tres años.
d) Cuatro años.

17. ¿Dónde incluirías las manifestaciones exteriores como los rituales funerarios durante la muerte? En:

a) El duelo.
b) La pena.
c) El luto.
d) La plegaria.

18. ¿Cómo puede el personal sanitario prevenir la aparición del duelo patológico?:

a) Aislando a la persona doliente.
b) Ayudando a la familia a vivir el duelo de modo personal.
c) Incentivando la participación activa de los familiares en el cuidado del paciente.
d) Controlando la expresión de las emociones.

19. ¿En qué fase del duelo del propio paciente (según la Doctora K. Ross y adaptado por Gómez Sancho), predomina la comunicación no verbal y la necesidad de intimidad?:

a) Aceptación.
b) Depresión preparatoria.
c) Pacto.
d) Negación.

20. En el diagnóstico de duelo normal, según taxonomía NANDA, existen factores etiológicos a considerar. Señale la respuesta incorrecta:

a) Muerte de una persona significativa.
b) Pérdida anticipada de un objeto significativo.
d) Anticipación a la pérdida de una persona significativa.
d) Inestabilidad emocional.

En MADTEST tienes **más preguntas de este tema**, y todos tus avances quedan registrados y se reflejan en el ranking.

¡Supera tus límites con MADTEST!

Solución al test n.º 28

1. b) Aliviar el sufrimiento refractario en la fase terminal.

2. c) Midazolam.

3. c) Está limitado a 6 meses (± 3).

4. d) Presentan una enfermedad avanzada y progresiva, con ciertas posibilidades razonables de respuesta al tratamiento específico.

5. c) Aceleran la muerte.

6. a) El abordaje integral que propone el modelo de los cuidados paliativos.

7. d) Principio de justicia.

8. b) No maleficencia.

9. b) Beneficencia.

10. c) Distanasia.

11. d) Ortotanasia.

12. d) Ninguna de las anteriores es cierta.

13. d) Todo lo anterior es cierto.

14. a) Fase de embotamiento.

15. c) Exteriorizar las emociones y el dolor.

16. b) Dos años.

17. d) Son ciertas a y b.

18. c) Incentivando la participación activa de los familiares en el cuidado del paciente.

19. a) Aceptación.

20. d) Inestabilidad emocional.

TEST N.º 29

Conceptos de urgencia y emergencia. Epidemiología y clasificación de las urgencias. Problemas e intervenciones en situaciones críticas: Politraumatizados, quemados, shock, intoxicaciones, partos inesperados, urgencias psiquiátricas, toxicomanías. Hipotermia. Deshidratación. Traslado de los pacientes críticos adultos y pediátricos. Reanimación cardiopulmonar básica en adultos y pediatría. Desfibrilación externa semiautomática. Soporte vital avanzado al trauma grave. Administración de medicamentos en situaciones de urgencias y emergencias

1. Generalmente se prioriza antes frente a una fibrilación ventricular resistente a la RCP la medida de:

a) Desfibrilación precoz.
b) Administración de fármacos.
c) Reintentar la RCP, dándole más importancia a la ventilación que al masaje.
d) Depende de cada caso.

2. ¿Cuál de éstas consideras que es la causa más frecuente de PCR?

a) Fibrilación ventricular.
b) Fibrilación auricular.
c) Extrasístole auricular.
d) Las opciones a) y b) son correctas.

3. ¿Qué concepto tiene qué ver con la prevención, el reconocimiento y las intervenciones adecuadas, ante una supuesta parada cardiorrespiratoria?

a) Desfibrilación precoz.
b) Soporte vital básico.
c) Soporte vital avanzado.
d) Activación precoz de los servicios de emergencia sanitaria.

4. ¿Qué es lo primero que debemos hacer para valorar una posible parada cardiorrespiratoria (PCR)?

a) Comprobar el estado de consciencia del individuo.
b) Comprobar la permeabilidad de vía aérea.
c) Comprobar si hay pulso.
d) Nada de lo anterior es cierto.

5. ¿Qué maniobra debe hacerse para despejar la vía aérea en traumatizados con posible lesión medular?

a) Frente- mentón si está inconsciente.
b) Frente- mentón si está consciente.
c) De tracción mandibular si está inconsciente.
d) De tracción mandibular si está consciente.

6. Si la víctima está inconsciente, no responderá a estímulos auditivos ni sensitivos, por lo que deberemos:

a) Comprobar el estado de consciencia del individuo.
b) Comprobar la permeabilidad de vía aérea (ventilación).
c) Pedir ayuda.
d) Las opciones b) y c) son correctas.

7. ¿En qué posición se debe colocar a la víctima para valorar la ventilación del paciente inconsciente?

a) Decúbito supino.
b) Lateral de seguridad.
c) Decúbito prono.
d) Litotomia.

8. ¿Qué tiempo máximo se debe valorar la ventilación del paciente inconsciente (VER, OÍR y SENTIR)?

a) 5 segundos.
b) 10 segundos.
c) 20 segundos.
d) 30 segundos.

9. Si el paciente está inconsciente pero respira normalmente, lo colocaremos en la denominada posición:

a) Decúbito supino.
b) Lateral de seguridad.
c) Decúbito prono.
d) Litotomia.

10. En el masaje cardíaco externo se debe comprimir hasta alcanzar una profundidad máxima de:

a) 1 cm.
b) 2 cm.
c) 5 cm.
d) 10 cm.

11. ¿Para qué se emplea la maniobra de Heimlich?

a) Para llevar a cabo el masaje cardíaco en PCR.
b) Para resolver una obstrucción de la vía aérea por cuerpo extraño o atragantamiento.
c) Para llevar a cabo las ventilaciones en PCR.
d) Para mejorar la hemostasia del paciente accidentado.

12. El control de las posibles hemorragias en una PCR forma parte del:

a) Control hospitalario posterior al SVA.
b) Soporte vital básico.
c) Soporte vital avanzado.
d) Activación precoz de los servicios de emergencia sanitaria.

13. ¿Qué nombre recibe la modalidad de cánula orofaríngea más conocida y usada? Cánula…

a) De Heimlich.
b) De Prizmetal.
c) De Grahan.
d) De Guedel.

14. Respecto a los DEA todo lo que se dice es cierto, excepto:

a) Disponen de las palas (como los desfibriladores manuales).
b) Se conectan al paciente mediante dos electrodos adhesivos de gran tamaño.
c) Sirven al mismo tiempo para registrar la señal del ECG analizando el ritmo cardíaco, y para transmitir la energía de la descarga.
d) Han demostrado ser sumamente precisos y seguros para el paciente.

15. ¿En qué posición se debe colocar un paciente al emplear sobre ellos un DEA?

a) Decúbito supino.
b) Lateral de seguridad.
c) Decúbito prono.
d) Fowler.

16. ¿Cuál es la dinámica de hacer la RCP?

a) 30 compresiones toráxicas, seguidas de 2 ventilaciones.
b) 15 compresiones toráxicas, seguidas de 2 ventilaciones.
c) 30 compresiones toráxicas, seguida de 1 ventilación.
d) 15 compresiones toráxicas, seguida de 1 ventilación.

17. ¿Qué volumen suele tener el ambú (resucitador manual) de los adultos?

a) 600 ml.
b) 1000 ml.
c) 1600 ml.
d) 2600 ml.

18. Tras las 5 ventilaciones de rescate en la RCP de los niños, el ritmo de cadencia de compresiones e insuflaciones será de:

a) 30:2.
b) 15:2.
c) 30:1.
d) 15:1.

19. ¿De qué nos abstendremos en los casos de asistolia o AESP en el soporte vital avanzado?

a) Aplicar las descargas eléctricas mediante desfibriladores.
b) Aislar la vía aérea.
c) Pasar directamente a las maniobras de RCP.
d) Canalizar una vía venosa para administrar la medicación.

20. ¿Qué acción de estas no se realiza durante el soporte vital avanzado?

a) Se establecerá ventilación mecánica si fuese necesaria.
b) Se asegurará la vía aérea.
c) Se efectuará desfibrilación precoz.
d) Se administrarán los líquidos y drogas que requiera cada caso.

En MADTEST tienes **más preguntas de este tema**, y todos tus avances quedan registrados y se reflejan en el ranking.

¡Supera tus límites con MADTEST!

Solución al test n.º 29

1. a) Desfibrilación precoz.

2. a) Fibrilación ventricular.

3. b) Soporte vital básico.

4. a) Comprobar el estado de consciencia del individuo.

5. c) De tracción mandibular si está inconsciente.

6. d) Las opciones b) y c) son correctas.

7. a) Decúbito supino.

8. b) 10 segundos.

9. b) Lateral de seguridad.

10. c) 5 cm.

11. b) Para resolver una obstrucción de la vía aérea por cuerpo extraño o atragantamiento.

12. b) Soporte vital básico.

13. d) De Guedel.

14. a) Disponen de las palas (como los desfibriladores manuales).

15. a) Decúbito supino.

16. a) 30 compresiones toráxicas, seguidas de 2 ventilaciones.

17. c) 1600 ml.

18. b) 15:2.

19. a) Aplicar las descargas eléctricas mediante desfibriladores.

20. c) Se efectuará desfibrilación precoz.

Cuidados a personas con problemas de salud mental: Procesos ansiedad-depresión; somatizaciones y trastornos de la conducta alimentaria. Valoración integral. Identificación de problemas más prevalentes para el paciente y su familia

1. ¿Cuál de los siguientes trastornos se inicia en la infancia y no suelen generar incapacidad?

a) Trastorno bipolar I.
b) Trastorno bipolar II.
c) Fobia específica.
d) Esquizofrenia.

2. Señala la afirmación correcta sobre las características afectivas de las personas con depresión:

a) Cuando se empeora la depresión, sin embargo, las personas centran más su atención en los fallos pasados y presentes.
b) En el momento en que la depresión se hace más profunda es más frecuente el intento de suicidio.
c) Cuando se intensifica la depresión, hay un fortalecimiento de vínculo afectivo con la familia.
d) Cuando se intensifica la depresión, hay un fortalecimiento de vínculo afectivo con los amigos.

3. Uno de los cambios fisiológicos que se producen en las personas con depresión es:

a) Deseo sexual hiperactivo.
b) Cambios en los patrones de sueño.
c) Mayor fatiga por el aumento del nivel de actividad.
d) Todas son correctas.

4. Las intervenciones de enfermería en relación con la desesperanza propia de los pacientes con depresión irán encaminadas, entre otros aspectos, a:

a) Estimular las percepciones realistas sobre sus capacidades.
b) Impedir el llanto, ya que no ayuda a salir de la depresión.

c) Ayudar al paciente a desterrar las creencias religiosas.

d) Animar al abandono del tratamiento, pues así logra el control de su vida sin necesidad de medicación.

5. Los fármacos utilizados con mayor profusión en el caso de depresión son:

a) Anticolinérgicos.

b) Sales de litio.

c) Antidepresivos tricíclicos (ADT).

d) Inhibidores de la monoaminooxidasa (IMAO).

6. ¿Qué fármaco se han utilizado de manera preventiva, como profilaxis de las recidivas maníacas?

a) Anticolinérgicos.

b) Sales de litio.

c) Antidepresivos tricíclicos (ADT).

d) Inhibidores de la monoaminooxidasa (IMAO).

7. ¿En cuál de los siguientes trastornos el tratamiento de elección son los fármacos antidepresivos de acción serotoninérgica, y los ISRS, acompañados de psicoterapia conductual?

a) Agorafobia.

b) Trastorno de ansiedad social (fobia social).

c) Fobia específica.

d) Trastorno obsesivo-compulsivo.

8. Señala la afirmación correcta sobre los trastornos de pánico:

a) Se caracterizan por la existencia de ataques de ansiedad y miedo, limitados a una circunstancia o estímulo concreto.

b) Duran pocos minutos y aparecen como crisis episódicas.

c) Dentro de los tratamientos psicológicos el menos efectivo es la terapia conductual.

d) El tratamiento farmacológico más efectivo son las sales de litio.

9. El miedo a estar solo en grandes espacios abiertos o en un lugar donde es difícil escapar o conseguir ayuda se conoce como:

a) Ansiedad social (fobia social).

b) Fobia específica.

c) Trastorno de ansiedad generalizada.

d) Agorafobia.

10. El miedo o ansiedad intensa en una o más situaciones sociales en las que el individuo está expuesto al posible examen por parte de otras personas es:

a) Fobia específica.

b) Trastorno de ansiedad social.

c) Trastorno de ansiedad generalizada.
d) Trastorno post traumático

11. El fármaco más utilizado en los casos más de ataques de trastorno de pánico es:

a) β-bloqueantes (propranolol).
b) Alprazolam.
c) Benzodiacepinas.
d) Ninguno de los anteriores.

12. Siguiendo el DSM-5, para diagnosticar el trastorno por ansiedad generalizada es necesario que los síntomas se produzcan durante más días de los que han estado ausentes durante un mínimo de:

a) Tres meses.
b) Seis meses.
c) Nueve meses.
d) Un año.

13. ¿Cuál de las siguientes características es aplicable a la esquizofrenia?

a) Suele aparecer en la adolescencia en forma de «brotes» agudos que interrumpen la vida normal del sujeto.
b) Es un cuadro que no reviste gravedad, pero es muy frecuente.
c) Inicia en la infancia.
d) Se caracteriza por la presencia de ataques de llanto.

14. Entre los síntomas negativos de la esquizofrenia podemos citar:

a) Delirios.
b) Alucinaciones.
c) Discurso desorganizado.
d) Expresión emotiva disminuida o abulia.

15. En general se acepta que .... son aquellos que cursan con una ruptura de las relaciones del individuo con su medio, con el que comienza a mantener vínculos incoherentes y que tienen, además, la característica de no ser asumidas por el enfermo como un trastorno propio, sino impuesto por algún factor externo.

a) Trastornos esquizofrénicos.
b) Trastornos somatoformes.
c) Trastornos ansioso-depresivos.
d) Trastornos esquizotípicos.

16. Los fármacos de elección en el tratamiento de la esquizofrenia son:

a) Antidepresivos tricíclicos (ADT).
b) Inhibidores de la monoaminooxidasa (IMAO).

c) Neurolépticos.

d) No se utiliza tratamiento farmacológico en la esquizofrenia, tan solo la intervención psicosocial.

17. Señala la afirmación correcta sobre la esquizofrenia:

a) La esquizofrenia es una enfermedad que tiende a cronificarse y raramente se cura.

b) Pasado el momento del brote agudo, el enfermo debería abandonar el centro hospitalario para volver a su medio y es allí donde el profesional de enfermería desarrollará los cuidados previstos.

c) En la fase aguda de la esquizofrenia el paciente es totalmente dependiente por lo que enfermería será la encargada de facilitar los cuidados necesarios para satisfacer las necesidades básicas de estos pacientes.

d) Todas son correctas.

18. El trastorno de somatización o trastorno de síntomas somáticos:

a) Tiene una mayor prevalencia en hombres que en mujeres.

b) Suele aparecer en la adolescencia.

c) Presenta un curso generalmente crónico y recurrente.

d) Todas son correctas.

19. El paciente solo presenta un solo trastorno:

a) Trastorno de síntomas somáticos.

b) Trastorno por conversión.

c) Trastornos por dolor.

d) Trastorno de ansiedad por enfermedad o hipocondriasis.

20. La preocupación por padecer o contraer una enfermedad grave sin que existan síntomas somáticos o, si están presentes, son únicamente leves, se conoce en el DSM-5 como:

a) Trastorno de síntomas somáticos.

b) Trastorno por conversión.

c) Trastornos por dolor.

d) Trastorno de ansiedad por enfermedad o hipocondriasis.

En MADTEST tienes **más preguntas de este tema**, y todos tus avances quedan registrados y se reflejan en el ranking.

¡Supera tus límites con MADTEST!

Solución al test n.º 30

1. c) Fobia específica.

2. a) Cuando se empeora la depresión, las personas centran más su atención en los fallos pasados y presentes.

3. b) Cambios en los patrones de sueño.

4. a) Estimular las percepciones realistas sobre sus capacidades.

5. c) Antidepresivos tricíclicos (ADT).

6. b) Sales de litio.

7. d) Trastorno obsesivo-compulsivo.

8. b) Duran pocos minutos y aparecen como crisis episódicas.

9. d) Agorafobia.

10. b) Trastorno de ansiedad social.

11. c) Benzodiacepinas.

12. b) Seis meses.

13. a) Suele aparecer en la adolescencia en forma de «brotes» agudos que interrumpen la vida normal del sujeto.

14. d) Expresión emotiva disminuida o abulia.

15. a) Trastornos esquizofrénicos.

16. c) Neurolépticos.

17. d) Todas son correctas.

18. c) Presenta un curso generalmente crónico y recurrente.

19. b) Trastorno por conversión.

20. d) Trastorno de ansiedad por enfermedad o hipocondriasis.

Cuidados a personas con enfermedades infecciosas: VIH, tuberculosis, hepatitis. Valoración integral. Identificación de problemas más prevalentes

1. Señala cuál de las siguientes enfermedades presenta un nivel elevado de virulencia:

a) Poliomielitis.
b) Sarampión.
c) Varicela.
d) Viruela.

2. La patogenicidad de poliomielitis se encuentra en un nivel:

a) Muy bajo.
b) Bajo.
c) Intermedio.
d) Elevado.

3. En el caso del VIH, ¿qué tipo de enzima permite la copia de las cadenas del ARN en el citoplasma celular?

a) Transcriptasa inversa.
b) Polimerasa inversa.
c) Integrasa inversa.
d) Proteasa inversa.

4. Señala en cuál de las siguientes secreciones se puede encontrar la presencia del VIH aunque sin capacidad infectante:

a) Orina.
b) Leche materna.
c) Semen.
d) Sangre.

5. La transmisión vertical del VIH tiene su momento más efectivo durante:

a) La concepción.
b) El embarazo.
c) El parto.
d) La lactancia.

6. Los factores que intervienen en la transmisión vertical son los siguientes. Señala la respuesta incorrecta:

a) Viral.
b) Déficit de vitamina K.
c) Fetal.
d) Placentario.

7. La prueba por medio de la cual se pone en contacto el suero del paciente con partículas antigénicas del VIH, coloreándose el suero ante anticuerpos frente al VIH se denomina:

a) Western Blot.
b) Radioinmunoprecipitación.
c) Cultivo viral.
d) ELISA.

8. ¿Qué prueba es considerada como prueba definitiva de infección por el VIH?:

a) Inmunofluorescencia indirecta (IFI).
b) Enzimoinmunoanálisis lineal (LIA).
c) Radioinmunoprecipitación (RIPA).
d) Western Blot.

9. ¿En qué tipo de infección oportunista su clínica es fundamentalmente pulmonar y su tratamiento de elección es el Trimetropin-sulfametoxazol?

a) *Pneumocystis carinii*.
b) *Mycrosporidium*.
c) Infecciones por hongos.
d) Tuberculosis.

10. ¿Qué tipo de infección oportunista relacionada con el padecimiento por el VIH no está relacionada con el número de linfocitos CD4?

a) *Pneumocystis carinii*.
b) *Mycrosporidium*.
c) Infecciones por hongos.
d) Tuberculosis.

11. Es una zoonosis transmitida por agua de grifo:

a) Cryptosporidium parvum.
b) Isospora belli.
c) Mycrosporidium.
d) Pneumocystis carinii.

12. ¿Qué tipo de virus causan manifestaciones clínicas en la retina, esófago, colon y se presenta a veces de forma sistémica con afectación del sistema nervioso central y periférico?

a) Virus JC.
b) Virus de la hepatitis.
c) Virus Epstein-Barr.
d) Citomegalovirus.

13. ¿Cuál es la vía de transmisión más frecuente de la Hepatitis B?:

a) Parenteral.
b) Vertical.
c) Sexual.
d) Desconocida.

14. En el cuadro habitual de neoplasia en pacientes VIH, ¿qué tipo de tumor es independiente del nivel de linfocitos CD4?

a) Linfoma no Hodgkin.
b) Linfoma primario del SNC.
c) Sarcoma de Kaposi.
d) Sarcoma de Ewing.

15. ¿Qué tipo de antirretrovirales impiden que el virus entre en las células sanas?

a) Inhibidores de la integrasa.
b) Inhibidores de fusión.
c) Inhibidores de transcriptasa.
d) Inhibidores selectivos de proteasa.

16. Las intervenciones enfermeras necesarias para el manejo de la inmunización/vacunación se realizará cuando exista un riesgo de:

a) Desequilibrio nutricional.
b) Incumplimiento de tratamiento.
c) Infección.
d) Conocimientos deficientes.

17. La actividad de enfermería tal y como proporcionar el teléfono por si surgen complicaciones corresponde a un diagnóstico de:

a) Riesgo.
b) Conocimientos deficientes.
c) Incumplimiento de tratamiento.
d) Ansiedad.

18. El mecanismo de transmisión de la hepatitis A es:

a) Vía parenteral.
b) Transmisión vertical.
c) Sangre y derivados.
d) Fecal-oral.

19. Conocido como el virus NANB transmitido por vía entérica (fecal-oral). Pertenece a la familia de los Hepeviridae. Posee un ARN de cadena simple y un HEAg con un tamaño total que oscila entre 32 y 34 nm de diámetro. Nos referimos a:

a) Hepatitis E.
b) Flavivirus.
c) Virus Epstein-Barr.
d) Citomegalovirus.

20. De las siguientes medidas de profilaxis, una no corresponde a las que se debe adoptar en caso de hepatitis B. Señala cuál:

a) Detección de Ag-HBs en bancos de sangre.
b) Aislamiento entérico de los infectados y desinfección adecuada de los elementos que utilice.
c) Inmunoprofilaxis pasiva. Se dispone de Gammaglobulina anti VHB que contiene un efecto preventivo de unos 25 días.
d) Inmunoprofilaxis activa. La más utilizada es la vacuna recombinante (HbsAg) mediante ingeniería genética.

En MADTEST tienes **más preguntas de este tema**, y todos tus avances quedan registrados y se reflejan en el ranking.

¡Supera tus límites con MADTEST!

Solución al test n.º 31

1. d) Viruela.

2. b) Bajo.

3. a) Transcriptasa inversa.

4. a) Orina.

5. c) El parto.

6. b) Déficit de vitamina K.

7. d) ELISA.

8. d) Western Blot.

9. a) Pneumocystis carinii.

10. d) Tuberculosis.

11. a) Cryptosporidium parvum.

12. d) Citomegalovirus.

13. a) Parenteral.

14. c) Sarcoma de Kaposi.

15. b) Inhibidores de fusión.

16. c) Infección.

17. b) Conocimientos deficientes.

18. d) Fecal-oral.

19. a) Hepatitis E.

20. b) Aislamiento entérico de los infectados y desinfección adecuada de los elementos que utilice.

TEST N.º 32

Cuidados al paciente quirúrgico. Preoperatorios: Visita prequirúrgica, recepción del paciente, preparación para la cirugía. Intraoperatorios: Cuidados del paciente durante la intervención. Tipos de anestesia y manejo de fármacos. Cuidados Posquirúrgicos. Unidades de Vigilancia Postquirúrgicas. Cirugía mayor Ambulatoria. Técnicas de vigilancia y control. Altas hospitalarias y seguimiento domiciliario

1. De forma general podemos decir que los pacientes quirúrgicos deben permanecer en ayunas entre 8-10 horas antes de la cirugía; esto se debe a:

a) Se necesita mayor cantidad de anestesia en los pacientes que han ingerido algún tipo de alimentos.
b) La posibilidad de broncoaspiración durante la cirugía.
c) La necesidad de disminuir el metabolismo basal del paciente durante la cirugía.
d) La minimización de las complicaciones posteriores.

2. En los momentos anteriores al traslado a quirófano ha de prepararse la piel del paciente para su operación; el objetivo de esta preparación es:

a) Esterilizar la zona a tratar.
b) Eliminar la tensión del paciente.
c) Mejorar la vascularización de la zona que se va a operar.
d) Eliminar de la zona operatoria todos los microorganismos que sea posible.

3. El periodo intraoperatorio:

a) Se inicia con la llegada del paciente al quirófano y termina con la salida del mismo a la sala de recuperación postanestésica.
b) Es el periodo que dura la intervención quirúrgica.
c) Se inicia con la preparación del paciente para la operación y finaliza con el alta del mismo.
d) Ninguna es correcta.

4. El denominado bloque quirúrgico está funcional y físicamente diferenciado del resto del hospital, se compone de un conjunto de instalaciones acondicionadas y equipadas para poder realizar en ellas las intervenciones quirúrgicas, y debe estar localizado:

a) En la entrada del hospital para facilitar el acceso.
b) En una zona aislada y con poco tránsito aunque bien comunicada.
c) En una zona de paso bien comunicada con todo el hospital.
d) Todas son correctas.

5. La zona del quirófano donde se puede deambular con cualquier indumentaria se denomina:

a) Limpia.
b) Intercambio.
c) Estéril.
d) Ingreso.

6. El equipo que atiende al paciente durante el periodo operatorio puede dividirse en dos categorías básicas: miembros lavados estériles y miembros no estériles. ¿Cuál de los siguientes no es un miembro del equipo lavado estéril?

a) Cirujano.
b) Ayudantes del cirujano.
c) Enfermera instrumentista.
d) Anestesista.

7. La enfermera instrumentista debe poseer un conocimiento profundo de la técnica aséptica, habilidad manual y capacidad de trabajar en equipo y bajo presión. Entre sus actividades no se encuentra:

a) Preparar los aparatos y material estéril que se necesiten para la intervención.
b) Colaborar con el cirujano y ayudante durante la operación.
c) Ayudar a contar las agujas, hojas de bisturí, gasas e instrumentos utilizados durante la intervención, usando el procedimiento establecido de recuento.
d) Valorar, planificar, realizar y evaluar las actividades de enfermería para satisfacer las necesidades individuales de cada paciente.

8. La enfermera circulante de quirófano es la que desempeña un papel más general de cuidados respecto al paciente, al tener una visión global de sus necesidades. Entre sus funciones encontramos:

a) Recibir e informar al paciente de todos los pasos que se van a seguir antes y durante la intervención, ubicar al paciente. Con ello se pretende disminuir la ansiedad que existe en el enfermo.
b) Crear y mantener un medio seguro y cómodo para el paciente.

c) Proporcionar ayuda a cualquier miembro del equipo que lo requiera.
d) Todas son correctas.

9. Existen varios tipos de anestesia; entre ellos encontramos la anestesia general que es:

a) Un estado reversible de depresión del Sistema Nervioso Central, caracterizado por analgesia, hipnosis, relajación muscular y disminución del tono neurovegetativo.
b) Un estado irreversible de hipnosis y disminución del tono neurovegetativo.
c) Pérdida de sensación dolorosa en la zona que delimita la administración de la anestesia.
d) Ninguna es correcta.

10. La anestesia general se desarrolla en 4 fases, el momento de realizar la intubación orotraqueal es durante:

a) La premedicación.
b) La anestesia.
c) La inducción.
d) El despertar.

11. En la anestesia regional se pretende bloquear la transmisión nerviosa antes de que los impulsos alcancen el Sistema Nervioso Central. Podemos encontrar tres tipos de anestesia regional. El tipo que proporciona una anestesia en la zona de distribución del nervio se denomina:

a) Anestesia raquídea.
b) Anestesia epidural.
c) Bloqueo de nervios periféricos.
d) Anestesia general.

12. Existen multitud de agentes anestésicos que se suelen usar de forma habitual, ¿cuál de los siguientes agentes por vía inhalatoria debe administrarse con oxígeno por producir hipoxia?

a) Oxido nitroso.
b) Halotano.
c) Ciclopropano.
d) Enflurano.

13. Existen multitud de anestésicos usados con de forma habitual, ¿cuál de los siguientes no es un bloqueante neuromuscular?

a) Tiopental sódico.
b) Bresilato de atracurio.
c) Bromuro de veruconio.
d) Tubocuranina.

14. ¿Cuál de las siguientes amidas usadas como anestésico local presenta un efecto en 20 minutos que permanece entre 2 y 6 horas?

a) Procaína.
b) Bupivacaína.
c) Lidocaína.
d) Tetracaína.

15. La ansiedad en relación con la operación es uno de los principales diagnósticos de enfermería que va a encontrar la enfermera del bloque quirúrgico; para disminuir la ansiedad el primer objetivo será:

a) Establecer una relación significativa con el paciente.
b) Dar la información oportuna sobre el procedimiento.
c) Informar sobre dónde estará su familia.
d) Identificar de forma correcta al paciente y comprobar que todo está en orden.

16. Respecto al riesgo de infección relacionado con la intervención, el objetivo de enfermería será minimizar esta posibilidad; para ello deberemos seguir algunas reglas de asepsia, ¿cuál de las siguientes no es una de ellas?

a) Dentro del campo estéril debe usarse sólo material estéril. Si hay alguna duda sobre la esterilidad de un objeto se considera como no estéril.
b) Las mesas cubiertas con paños se consideran estériles en su totalidad y deberá seguir las normas establecidas.
c) Las superficies estériles deben contactar sólo con otras superficies estériles. Las personas lavadas deben mantenerse cerca del campo estéril y, si cambian de posición, deben girar cara a cara o espalda contra espalda.
d) Los extremos de un paquete o contenedor estéril se consideran no estériles (los límites de lo estéril no están siempre bien definidos).

17. El láser es un método muy usado en la cirugía actual y presenta múltiples funciones como cortar o coagular tejidos; los tejidos expuestos alrededor del campo operatorio se deben proteger con:

a) Plásticos especiales a este efecto.
b) Cremas adecuadas.
c) Toallas húmedas.
d) Ninguna es correcta.

18. El equipo formado por la enfermera, el cirujano y el anestesista decidirá la posición adecuada para la operación, teniendo en cuenta las características propias del paciente, la cirugía que se debe realizar y las necesidades del anestesista. De forma genérica, la anestesia se administra en posición de:

a) Decúbito supino.
b) Decúbito prono.

c) Trendelenburg.
d) Fowler.

19. Existen varias posiciones quirúrgicas; la posición en la que la cabeza y el cuerpo se bajan hasta colocarse a un nivel por debajo de las piernas y pies se denomina:

a) Decúbito prono.
b) Trendelenburg.
c) Morestin.
d) Lateral.

20. Dependiendo de las características del paciente y del tipo de cirugía que vayamos a realizar el paciente se colocará en una posición u otra; si vamos a llevar a cabo una cirugía renal lo normal es colocar al paciente en posición:

a) Morestin.
b) Lateral.
c) Decúbito supino.
d) Decúbito prono.

En MADTEST tienes **más preguntas de este tema**, y todos tus avances quedan registrados y se reflejan en el ranking.

¡Supera tus límites con MADTEST!

Solución al test n.º 32

1. b) La posibilidad de broncoaspiración durante la cirugía.

2. d) Eliminar de la zona operatoria todos los microorganismos que sea posible.

3. a) Se inicia con la llegada del paciente al quirófano y termina con la salida del mismo a la sala de recuperación postanestésica.

4. b) En una zona aislada y con poco tránsito aunque bien comunicada.

5. b) Intercambio.

6. d) Anestesista.

7. d) Valorar, planificar, realizar y evaluar las actividades de enfermería para satisfacer las necesidades individuales de cada paciente.

8. d) Todas son correctas.

9. a) Un estado reversible de depresión del Sistema Nervioso Central, caracterizado por analgesia, hipnosis, relajación muscular y disminución del tono neurovegetativo.

10. c) La inducción.

11. c) Bloqueo de nervios periféricos.

12. a) Oxido nitroso.

13. a) Tiopental sódico.

14. b) Bupivacaína.

15. a) Establecer una relación significativa con el paciente.

16. b) Las mesas cubiertas con paños se consideran estériles en su totalidad y deberá seguir las normas establecidas.

17. c) Toallas húmedas.

18. a) Decúbito supino.

19. b) Trendelenburg.

20. b) Lateral.

TEST N.º 33

Manejo de heridas. Cuidados generales de la piel. Valoración integral del riesgo de deterioro de la integridad cutánea. Escalas de valoración. Cuidados de úlceras por presión, heridas crónicas, quemaduras

1. Según la naturaleza del agente agresor, una herida puede clasificarse como:

a) Herida contusa.
b) Herida abierta.
c) Herida intencionada.
d) Herida contaminada.

2. Las heridas pueden cicatrizar por:

a) Primera intención.
b) Segunda intención.
c) Tercera intención.
d) Todas son correctas.

3. La eventración es:

a) La salida de una víscera interna a través de una incisión.
b) Un sangrado causado por el desplazamiento del coágulo, de una infección, del deslizamiento de una sutura o de la erosión de un vaso sanguíneo.
c) La apertura de una herida abdominal.
d) Ninguna es correcta.

4. En la cicatrización de una herida influye:

a) Obesidad.
b) Tabaco.
c) Nutrición.
d) Todas son correctas.

5. Para valorar correctamente una herida se tendrá en cuenta:

a) Aspecto.
b) Presencia de inflamación.
c) Dolor producido.
d) Las tres son correctas.

6. Un factor intrínseco de riesgo de padecer úlceras por presión es:

a) Humedad.
b) Insuficiencia vasomotora.
c) Perfumes.
d) Todas son correctas.

7. ¿Qué no se valora en la Escala de Norton?

a) Exposición a la humedad.
b) Sensibilidad.
c) Movilidad.
d) Estado mental.

8. Si obtenemos una puntuación de 15 en la Escala de Braden el paciente tendrá un riesgo de padecer una úlcera por presión:

a) Alto.
b) Medio.
c) Bajo.
d) Ninguna es correcta.

9. La Escala EMINA fue desarrollada por:

a) Instituto Catalán de la Salud para el seguimiento de las úlceras por presión.
b) Barbara Braden y Nancy Bergstrom.
c) Norton, McLaren y Exton-Smith.
d) Ninguna es correcta.

10. Las SEMP se utilizan para:

a) Proporcionar una correcta nutrición al paciente con UPP.
b) El manejo de la presión en pacientes con UPP.
c) La movilización del paciente con UPP.
d) Los cambios posturales del paciente con UPP.

11. ¿Qué tipo de desbridamiento no está disponible en España?

a) Desbridamiento osmótico.
b) Desbridamiento mecánico.

c) Desbridamiento enzimático.
d) Terapia larval.

12. Se consigue mediante el intercambio de fluidos de distinta densidad, aplicando soluciones hiperosmolares o apósitos de poliacrilato activado con soluciones hiperosmolares:

a) Desbridamiento osmótico.
b) Desbridamiento autolítico.
c) Desbridamiento quirúrgico.
d) Desbridamiento cortante.

13. ¿Cuál de los siguientes es el antibiótico recomendado por la Agencia Americana para el asesoramiento de las úlceras en caso de infección clínica?

a) Mupirocina.
b) Colagenasa.
c) Sulfadiazina argéntica.
d) Ninguna es correcta.

14. ¿Cuál de los siguientes es un procedimiento de elección y alta efectividad diagnóstica generalmente restringida a la atención especializada para la obtención de una muestra en UPP?

a) Aspiración percutánea.
b) Frotis mediante hisopo.
c) Biopsia tisular.
d) Ninguna es correcta.

15. Son lesiones que aparecen a causa de un déficit de riego sanguíneo y de procesos isquémicos crónicos, de entre los cuales la obstrucción arteriosclerótica es la más importante:

a) Úlceras por presión.
b) Úlceras arteriales.
c) Úlceras neoplásicas.
d) Todas son correctas.

16. ¿Cuál de las siguientes puntuaciones del Índice Tobillo-Brazo indicaría la existencia de una posible calcificación arterial?

a) 1,41.
b) 1.
c) 0,8.
d) 0,4.

17. Para la clasificación de la severidad de la insuficiencia arterial utilizaremos:

a) Índice Tobillo-Brazo.
b) Escala de Braden.
c) Escala EMINA.
d) Clasificación de Fontaine.

18. Según la clasificación de Wagner, un pie con una úlcera superficial que compromete todo el espesor de la piel pero no de tejidos subyacentes pertenecería al:

a) Grado 0.
b) Grado 1.
c) Grado 2.
d) Grado 3.

19. Una persona diabética con riesgo bajo de padecer pie diabético deberá recibir una exploración del pie cada:

a) Año.
b) Semestre.
c) 1-3 meses.
d) Ninguna es correcta.

20. Son quemaduras que dañan el estrato dérmico de forma parcial:

a) De primer grado.
b) De segundo grado superficial.
c) De tercer grado.
d) De cuarto grado.

En MADTEST tienes **más preguntas de este tema**, y todos tus avances quedan registrados y se reflejan en el ranking.

¡Supera tus límites con MADTEST!

Solución al test n.º 33

1. a) Herida contusa.

2. d) Todas son correctas.

3. a) La salida de una víscera interna a través de una incisión.

4. d) Todas son correctas.

5. d) Las tres son correctas.

6. b) Insuficiencia vasomotora.

7. a) Exposición a la humedad.

8. c) Bajo.

9. a) Instituto Catalán de la Salud para el seguimiento de las úlceras por presión.

10. b) El manejo de la presión en pacientes con UPP.

11. d) Terapia larval.

12. a) Desbridamiento osmótico.

13. c) Sulfadiazina argéntica.

14. c) Biopsia tisular.

15. b) Úlceras arteriales.

16. a) 1,41.

17. d) Clasificación de Fontaine.

18. b) Grado 1.

19. a) Año.

20. b) De segundo grado superficial.

TEST N.º 34

Valoración y cuidados de Enfermería a personas con problemas neurológicos: Accidente cerebrovascular, epilepsia. Otros problemas del sistema nervioso. Procedimientos y técnicas de enfermería

1. Al elaborar un Plan de Cuidados Estándar para un paciente con AVC, tendremos en cuenta muchos diagnósticos de enfermería. ¿Cuál de los siguientes enunciados no es uno de los diagnósticos que encontraremos habitualmente en este tipo de enfermos?

a) Manejo efectivo del régimen terapéutico.
b) Déficit de autocuidado: alimentación.
c) Riesgo de estreñimiento.
d) Desequilibrio nutricional por exceso.

2. ¿Cuál de los siguientes enunciados coincide con un diagnóstico de enfermería habitual en los enfermos afectados de AVC?

a) Confusión crónica.
b) Síndrome postraumático.
c) Trastorno de la percepción sensorial: cinestésica.
d) Interrupción de los procesos familiares.

3. ¿Cuál de los siguientes enunciados no forma parte del conjunto de medidas terapéuticas puestas en marcha a nivel de prevención primaria, para disminuir la incidencia del AVC?

a) Control de la hipertensión arterial.
b) Control de los enfermos con fibrilación auricular.
c) Control de la hiperlipemia.
d) Control glucémico.

4. Al elaborar un Plan de Cuidados Estándar para un paciente con AVC, tendremos en cuenta muchos diagnósticos de enfermería. ¿Cuál de los siguientes enunciados no es uno de los diagnósticos que encontraremos habitualmente en este tipo de enfermos?

a) Riesgo de intolerancia a la actividad.

b) Trastorno de los procesos de pensamiento.

c) Desatención unilateral.

d) Deterioro de la habilidad para la traslación.

5. Al elaborar un Plan de Cuidados Estándar para un paciente con AVC, tendremos en cuenta muchos diagnósticos de enfermería. ¿Cuál de los siguientes enunciados no es uno de los diagnósticos que encontraremos habitualmente en este tipo de enfermos?

a) Disminución del gasto cardíaco.

b) Deterioro de la eliminación urinaria.

c) Riesgo de déficit de volumen de líquidos.

d) Deterioro de la movilidad física.

6. ¿Qué enunciado corresponde con la siguiente definición: "descarga excesiva y desordenada del tejido nervioso cerebral sobre los músculos"?

a) Enfermedad de Alzheimer.

b) Enfermedad de Parkinson.

c) Síndrome de Guillain-Barré.

d) Epilepsia.

7. ¿Cuál de los siguientes tipos de epilepsia se incluye en el grupo de las "crisis generalizadas" (simétrica en ambos lados y sin inicio local)?

a) Síndrome de Lenoux-Gastaut.

b) Crisis histéricas.

c) Crisis parciales complejas.

d) Epilepsia refleja.

8. ¿Cuál de los siguientes procedimientos no es correcto en el tratamiento de la epilepsia?

a) Administración de fenitoína.

b) Administración de midazolan.

c) Resección quirúrgica.

d) Administración de carbamazepina.

9. ¿Cuál de las siguientes intervenciones no es correcta durante un brote agudo de epilepsia?

a) No sujetar al paciente. No utilizar la fuerza.
b) Retirar todos los objetos que puedan dañarle al convulsionar.
c) Abrir la boca insertando algún objeto, para evitar que se muerda la lengua.
d) Colocar al paciente en una superficie dura y plana.

10. ¿Cuál de los siguientes enunciados no es correcto, en relación con las Crisis Convulsivas Tónico-Clónicas o de Grand Mal?

a) Tras la crisis, el afectado puede comportarse de forma anormal y no recordar lo que acaba de ocurrir.
b) La persona puede morderse la lengua o los labios, o experimentar incontinencia urinaria durante estas crisis.
c) Se caracterizan por una pérdida súbita de la consciencia.
d) El diagnóstico definitivo se realiza mediante resonancia magnética.

11. ¿Cómo se denomina a aquel tipo de cefalea que se caracteriza por episodios recurrentes de dolor de cabeza, cuya oscilación dura de varios minutos a días, con carácter opresivo, de intensidad leve o moderada, de localización bilateral, y que no empeora, con el esfuerzo físico rutinario?

a) Cefalea en racimos.
b) Cefalea tensional.
c) Migraña.
d) Arteritis de la temporal.

12. ¿Cuál de las siguientes características no es propia de la migraña?

a) Frecuentemente se asocian a sintomatología gastrointestinal.
b) Presenta una mayor prevalencia en las últimas etapas de la vida (por encima de los 60 años).
c) Aumento de la sensibilidad a la luz y el ruido.
d) Es un trastorno familiar muy frecuente, que presenta dolor unilateral y pulsátil en la mayoría de las ocasiones.

13. Los síntomas que caracterizan a la Enfermedad de Parkinson son bradicinesia, rigidez, temblor de reposo y alteración de los reflejos posturales. ¿En qué consiste la bradicinesia?

a) Enlentecimiento de la actividad motora, tanto voluntaria como automática.
b) Lentitud o embotamiento de la percepción de las sensaciones.
c) Enlentecimiento en la articulación de las palabras.
d) Lentitud o embotamiento en las reacciones psíquicas o mentales.

14. ¿Cómo se denomina el tipo de marcha que se caracteriza por la disminución o ausencia del balanceo de los brazos, giro en bloque, titubeo al inicio de la marcha, arrastre de los pies y paso corto?

a) Marcha festinante y parkinsoniana.
b) Marcha atáxica (cerebelosa).
c) Marcha del anciano.
d) Marcha hemipléjica y parapléjica.

15. ¿Cuál de los siguientes tipos de marcha se conoce como "marcha del segador" y se caracteriza por sostener la pierna afectada rígida y con dificultad de flexión a nivel de la cadera, la rodilla y el tobillo, la pierna tiende a girar hacia fuera para describir un semicírculo, arrastrando el pie por el suelo y desgastando la punta y la parte externa de la suela del zapato?

a) Marcha del anciano.
b) Marcha parkinsoniana.
c) Marcha hemipléjica.
d) Marcha atáxica.

16. ¿Cómo se denomina a la patología en la que un factor desconocido inicia un proceso inflamatorio evolutivo en el sistema nervioso periférico, que conduce a la desmielinización, edema y compresión de la raíz nerviosa. El cuadro provoca interrupciones en la conducción del impulso, que dan lugar a alteraciones sensoriales, motoras y autónomas?

a) Enfermedad de Alzheimer.
b) Síndrome de Guillain-Barré.
c) Esclerosis múltiple.
d) Enfermedad de Parkinson.

17. La punción lumbar consiste en introducir una aguja en el espacio subaracnoideo del canal espinal (generalmente en región lumbar). Una vez que se tiene acceso a este espacio, se pueden introducir en él distintas sustancias con fines diagnósticos o terapéuticos. ¿Cuál de los siguientes enunciados no es una de estas sustancias?

a) Oxígeno.
b) Líquido radio opaco.
c) Sangre.
d) Anestesia.

18. ¿Para qué sirve el electroencefalograma?

a) Para registrar la actividad eléctrica del encéfalo.
b) Para registrar la actividad eléctrica del tronco encefálico.

c) Para registrar la actividad eléctrica del sistema nervioso central.

d) Para registrar la actividad eléctrica del cerebelo.

19. Un nivel de intensidad física moderado es:

a) El que permite hablar o cantar sin esfuerzo mientras se practica, corresponde a un MET o equivalente metabólico inferior a 3.

b) El que permite hablar sin sentir la falta de aire mientras se practica, corresponde a un MET superior a 6.

c) El que permite hablar sin sentir la falta de aire mientras se practica, corresponde a un MET de entre 3 y 6.

d) Ninguna de las anteriores es cierta.

20. Entre la población adulta, tener un estilo de vida activo contribuye a:

a) Aumentar el riesgo de caídas.

b) Reducir el riesgo de padecer hipercolesterolemia.

c) Reducir el riego de padecer diabetes tipo I.

d) Aumentar el riesgo de sufrir osteoporosis.

En MADTEST tienes **más preguntas de este tema**, y todos tus avances quedan registrados y se reflejan en el ranking.

¡Supera tus límites con MADTEST!

Solución al test n.º 34

1. d) Desequilibrio nutricional por exceso.

2. c) Trastorno de la percepción sensorial: cinestésica.

3. d) Control glucémico.

4. b) Trastorno de los procesos de pensamiento.

5. a) Disminución del gasto cardíaco.

6. d) Epilepsia.

7. a) Síndrome de Lenoux-Gastaut.

8. b) Administración de midazolan.

9. c) Abrir la boca insertando algún objeto, para evitar que se muerda la lengua.

10. d) El diagnóstico definitivo se realiza mediante resonancia magnética.

11. b) Cefalea tensional.

12. b) Presenta una mayor prevalencia en las últimas etapas de la vida (por encima de los 60 años).

13. a) Enlentecimiento de la actividad motora, tanto voluntaria como automática.

14. a) Marcha festinante y parkinsoniana.

15. c) Marcha hemipléjica.

16. b) Síndrome de Guillain-Barré.

17. c) Sangre.

18. a) Para registrar la actividad eléctrica del encéfalo.

19. c) El que permite hablar sin sentir la falta de aire mientras se practica, corresponde a un MET de entre 3 y 6.

20. b) Reducir el riesgo de padecer hipercolesterolemia.

TEST N.º 35

Valoración y cuidados de Enfermería a personas con problemas respiratorios: Insuficiencia respiratoria aguda, enfermedad pulmonar obstructiva crónica. Otros problemas broncopulmonares. Procedimientos de Enfermería: Oxigenoterapia y otras técnicas

1. En un paciente con traumatismo craneoencefálico que presenta lesiones agudas del bulbo raquídeo y de la médula cervical alta aparecen pérdidas transitorias de la respiración automática durante el sueño ¿Cómo denominamos a este ritmo respiratorio?

a) Ritmo Biot.
b) Ritmo de Cheyne-Stoke.
c) Respiración de Ondina.
d) Ritmo Kussmaul.

2. Pretendemos recoger el esputo de un enfermo diagnosticado de edema agudo de pulmón. ¿De qué tipo son los esputos en esa patología?

a) Mucoso.
b) Seroso.
c) Purulento.
d) Herrumbroso.

3. Valorando un paciente en la consulta de enfermería con disnea, utilizamos para ello la escala de Sadoul y el resultado final es de nivel 4; ¿qué significa este dato?

a) Que aparece la disnea al realizar esfuerzos importantes o al subir hasta un segundo piso o más.
b) Que aparece la disnea en la marcha en llano lenta, el sujeto sólo es capaz de marchar lentamente.
c) Que aparece la disnea al menor esfuerzo (hablar, afeitarse...).
d) Que aparece la disnea al subir pendientes o al subir un piso.

4. ¿Cuál de las siguientes patologías pueden provocar una insuficiencia respiratoria por afectación neurológica periférica?

a) Botulismo.
b) Mistemia gravis.
c) Gillain-Barré.
d) Cifoescoliosis.

5. A la hora de valorar una insuficiencia respiratoria en un paciente utilizamos la anamnesis, la exploración física, la pulxiometría, la gasometría, etc. Si un paciente presenta una saturación de oxígeno del 94 %, ¿cómo actuaríamos?

a) No requiere una actuación urgente.
b) Actuación urgente, tratamiento y monitorización de la respuesta al mismo. Los pacientes con enfermedad respiratoria crónica toleran bien saturaciones en torno a estos vaiores.
c) Se considera un enfermo grave. Hipoxia severa. Oxigenoterapia+ tratamiento.
d) Estudio por parte del facultativo de la posibilidad de intubación y ventilación mecánica.

6. La Enfermedad Pulmonar Obstructiva Crónica es una entidad nosológica que engloba la:

a) Bronquitis crónica y el enfisema.
b) Bronquitis crónica y el asma bronquial.
c) Bronquitis crónica y la bronquiectasia.
d) Bronquitis crónica y neumonía.

7. El factor de riesgo que más presente está en los casos de Enfermedad Pulmonar Obstructiva Crónica (EPOC) es:

a) La exposición laboral como al amianto, carbón en las minas, etc.
b) Factores genéticos.
c) Contaminación atmosférica.
d) Consumo de tabaco.

8. En un informe de Anatomía Patológica de un individuo fumador describiendo un enfisema que afecta a los bronquiolos respiratorios y conductos alveolares predominando en lóbulos superiores decimos que es:

a) Centroacinar.
b) Panacinar.

c) Parasepatal.
d) Pericicatricial.

9. ¿Cuál de las siguientes patologías respiratorias es la principal causa de neumotórax espontáneo secundario?

a) Neumonía extrahospitalaria.
b) EPOC.
c) Bronquiectasias.
d) Carcinoma broncoalveolar.

10. Si sometemos a un paciente con EPOC a una espirometría forzada detectaríamos los siguientes parámetros excepto:

a) Disminución del FEV1.
b) Aumento del índice de Tiffeneau.
c) Disminución de los índices de flujo.
d) Alteración del flujo mesoinspiratorio.

11. ¿Qué patrón funcional de salud estaría alterado si un paciente con EPOC presenta el diagnóstico de enfermería: "Manejo inefectivo del régimen terapéutico"?

a) Patrón I. Percepción/Control de la Salud.
b) Patrón VI. Cognitivo/Perceptivo.
c) Patrón VII. Autopercepción/Autoconcepto.
d) Patrón VIII. Función/Relación.

12. En la clínica del asma bronquial se habla de una tríada típica de síntomas que incluiría los siguientes, excepto:

a) Disnea.
b) Tos.
c) Esputo purulento.
d) Sibilancias de forma episódica.

13. De los siguientes corticoides empleados en el tratamiento del asma bronquial, ¿cuál se administra por la vía inhalatoria?

a) Prednisona.
b) Budesonida.
c) Hidrocortizona.
d) Metil-prednisona.

14. En el procedimiento de aspiración de secreciones se llevan a cabo alguno de los siguientes pasos excepto:

a) Uso de un guante estéril.
b) Colocar al paciente, si está consciente, en posición de semi-fowler.
c) Conectar el catéter a la aspiración.
d) Tomar el tubo de aspiración con la mano enguantada y el extremo del catéter con la otra mano.

15. ¿En cuál de las siguientes patologías está indicada la toracocentesis como parte del tratamiento médico?

a) EPOC.
b) En un derrame pleural.
c) Asma crónico.
d) Bronquiectasia.

16. En un síndrome obstructivo moderado el FEV1 se encuentra entre los valores:

a) 20 %-40 %.
b) 30 %-50 %.
c) 65 %-80 %.
d) 80 %-100 %.

17. ¿Cuál es el parámetro espirométrico más empleado en la evaluación de la enfermedad pulmonar crónica?

a) VR.
b) FEV1.
c) FVC.
d) CPT.

18. ¿Cómo se denomina el test que realizamos para valorar la permeabilidad arterial después de una gasometría?

a) Test de Allen.
b) Test de Blessed.
c) Test de Hutchinson.
d) Ninguna es correcta.

19. ¿Cuál de las siguientes características se corresponde con la acidosis metabólica?

a) Una concentración de bicarbonato baja y un PH bajo.
b) Una concentración de bicarbonato baja y un PH alto.
c) Una concentración de bicarbonato alta y un PH bajo.
d) Una concentración de bicarbonato alta y un PH alto.

20. ¿Cuál de las siguientes características se corresponde con la alcalosis metabólica?

a) Una concentración de bicarbonato baja y un PH bajo.
b) Una concentración de bicarbonato baja y un PH alto.
c) Una concentración de bicarbonato alta y un PH bajo.
d) Una concentración de bicarbonato alta y un PH alto.

En MADTEST tienes **más preguntas de este tema**, y todos tus avances quedan registrados y se reflejan en el ranking.

¡Supera tus límites con MADTEST!

Solución al test n.º 35

1. c) Respiración de Ondina.

2. b) Seroso.

3. b) Que aparece la disnea en la marcha en llano lenta, el sujeto sólo es capaz de marchar lentamente.

4. c) Gillain-Barré.

5. b) Actuación urgente, tratamiento y monitorización de la respuesta al mismo. Los pacientes con enfermedad respiratoria crónica toleran bien saturaciones en torno a estos valores.

6. a) Bronquitis crónica y el enfisema.

7. d) Consumo de tabaco.

8. a) Centroacinar.

9. b) EPOC.

10. b) Aumento del índice de Tiffeneau.

11. a) Patrón I. Percepción/Control de la Salud.

12. c) Esputo purulento.

13. b) Budesonida.

14. d) Tomar el tubo de aspiración con la mano enguantada y el extremo del catéter con la otra mano.

15. b) En un derrame pleural.

16. c) 65 %-80 %.

17. b) FEV1.

18. a) Test de Allen.

19. d) Una concentración de bicarbonato alta y un PH alto.

20. d) Una concentración de bicarbonato alta y un PH alto.

Valoración y cuidados de Enfermería a personas con problemas cardiovasculares: Insuficiencia cardiaca, infarto de miocardio, hipertensión arterial. Otros problemas cardiovasculares. Procedimientos y técnicas de enfermería

1. ¿A qué hace referencia la expresión "déficit de pulso"?

a) A la diferencia entre el pulso radial y el pulso apical.
b) A un número de pulsaciones por minuto por debajo de lo normal.
c) A un número de pulsaciones por minuto incompatible con la vida.
d) A la imposibilidad de captar el pulso de forma manual.

2. ¿Cuál de los siguientes enunciados es correcto, en relación con la tensión arterial sistólica?

a) Se conoce como presión arterial mínima.
b) Corresponde con el momento de contracción auricular.
c) Corresponde con el momento de contracción ventricular.
d) En un adulto joven y sano oscila entre 70 y 80 mmHg.

3. En ausencia de patología, ¿que carácter tendría el espacio "ST" en un electrocardiograma?

a) Positivo.
b) Negativo.
c) Isoeléctrico.
d) Depende de la edad del sujeto.

4. En un electrocardiograma normal, ¿en qué localización anatómica se colocaría la derivación precordial conocida como V2?

a) Cuarto espacio intercostal paraesternal derecho.
b) Línea axilar anterior, a la misma altura que V4.

c) Quinto espacio intercostal, en línea media clavicular izquierda.
d) Cuarto espacio paraesternal izquierdo.

5. En un electrocardiograma normal, ¿en qué localización anatómica se colocaría la derivación precordial conocida como V4?

a) Quinto espacio intercostal, en línea media clavicular izquierda.
b) Cuarto espacio paraesternal izquierdo.
c) Cuarto espacio intercostal paraesternal derecho.
d) Línea axilar media, a la misma altura que V4.

6. ¿Cuál es el factor de riesgo cardiovascular más prevalente en España?

a) La dislipemia.
b) La HTA.
c) La diabetes.
d) El tabaquismo.

7. Señala la respuesta verdadera respecto a la HTA:

a) Solo la presión arterial sistólica tiene importancia clínica.
b) Solo la presión arterial diastólica tiene importancia clínica.
c) Solo en personas de >65 años es importante la presión arterial diastólica.
d) Tanto la presión arterial sistólica como diastólica son importantes clínicamente.

8. ¿Qué especialista es el ideal para hacer el diagnóstico de HTA, evaluación de su repercusión y seguimiento posterior?

a) El Cardiólogo.
b) El Nefrólogo.
c) El Internista.
d) El Médico de Familia.

9. ¿A partir de qué cifra se considera actualmente que un paciente sin otras patologías añadidas padece HTA?

a) 130/90 mmHg.
b) 130/80 mmHg.
c) 150/90 mmHg.
d) 140/90 mmHg.

10. ¿Cuál de las siguientes medidas no es adecuada para realizar una toma correcta de la tensión arterial?

a) Que el paciente se encuentre cómodo y relajado.
b) Haber tomado hace 30 minutos la medicación antihipertensiva.

c) Utilizar un manguito adecuado para el tamaño del brazo del paciente.
d) Realizar dos tomas con cinco minutos de diferencia.

11. ¿Qué es la pseudohipertensión arterial?

a) La obtención de cifras de tensión arterial más elevadas que las reales por la rigidez arterial.
b) La HTA que sólo ocurre delante de una bata blanca.
c) La HTA de los simuladores.
d) La HTA que sólo se objetiva en el ámbito laboral.

12. Si tomaras la tensión arterial mediante el método auscultatorio, ¿en qué fase de la clasificación de Korotkoff determinaría la presión arterial diastólica?

a) En la fase I.
b) En la fase II.
c) En la fase IV.
d) En la fase v.

13. ¿A partir de qué cifras de presión arterial sistólica se considera una HTA como de grado 3 o grave?

a) >150 mmHg.
b) >165 mmHg.
c) >180 mmHg.
d) >200 mmHg.

14. ¿Cuál de los siguientes criterios es falso a la hora de clasificar una HTA como resistente?

a) Estar al menos con tres fármacos antihipertensivos con independencia de los grupos farmacológicos.
b) Estar en tratamiento al menos tres meses.
c) Estar siendo tratado con al menos tres fármacos y uno de ellos un diurético.
d) Que el paciente sea buen cumplimentador.

15. ¿Cómo confirmarías o descartaría la HTA de bata blanca?

a) Tomándole al paciente la TA sin bata blanca.
b) Tomándosela el personal de Enfermería.
c) Mediante un holter-MAPA.
d) Es imposible de confirmar o descartar.

16. ¿En qué plazo temporal debemos descender la tensión arterial en una urgencia hipertensiva?

a) En <6 h.
b) En <12 h.

c) En <24 h.
d) En 24-48 h.

17. ¿Qué diferencia a una urgencia hipertensiva de una emergencia hipertensiva?

a) Las cifras de TA, en la emergencia son más altas.
b) La presencia de daño orgánico, presente en la emergencia y ausente en la urgencia.
c) La rapidez de instauración, más rápida en la emergencia.
d) Nada, son términos equiparables.

18. ¿Qué hecho le orientaría hacia una HTA de origen renovascular?

a) El empeoramiento de la función renal con el uso de IECA.
b) La presencia de cálculos renales.
c) La cifra de creatinina.
d) El dolor en fosa renal.

19. ¿Qué prueba no es necesaria en la evaluación de la repercusión orgánica de la HTA?

a) Un ECG.
b) Un fondo de ojo.
c) Una analítica con función renal.
d) Un TAC cerebral.

20. ¿Cuál de las siguientes no es una ventaja de la Monitorización Ambulatoria de la Presión Arterial (MAPA)?

a) Permitir la evaluación de la HTA durante el sueño.
b) Es barata y disponible para todos los pacientes.
c) Mayor reproducibilidad.
d) Mejor relación con el pronóstico que tomas aisladas.

En MADTEST tienes **más preguntas de este tema**, y todos tus avances quedan registrados y se reflejan en el ranking.

¡Supera tus límites con MADTEST!

Solución al test n.º 36

1. a) A la diferencia entre el pulso radial y el pulso apical.

2. c) Corresponde con el momento de contracción ventricular.

3. c) Isoeléctrico.

4. d) Cuarto espacio paraesternal izquierdo.

5. a) Quinto espacio intercostal, en línea media clavicular izquierda.

6. b) La HTA.

7. d) Tanto la presión arterial sistólica como diastólica son importantes clínicamente.

8. d) El Médico de Familia.

9. d) 140/90 mmHg.

10. b) Haber tomado hace 30 minutos la medicación antihipertensiva.

11. a) La obtención de cifras de tensión arterial más elevadas que las reales por la rigidez arterial.

12. c) En la fase IV.

13. c) >180 mmHg.

14. c) Estar siendo tratado con al menos tres fármacos y uno de ellos un diurético.

15. c) Mediante un holter-MAPA.

16. d) En 24-48 h.

17. b) La presencia de daño orgánico, presente en la emergencia y ausente en la urgencia.

18. a) El empeoramiento de la función renal con el uso de IECA.

19. d) Un TAC cerebral.

20. b) Es barata y disponible para todos los pacientes.

TEST N.º 37

Valoración y cuidados de Enfermería a personas con problemas en el sistema renal: Insuficiencia renal aguda. Otros problemas renales y urológicos. Procedimientos y técnicas de Enfermería. Cateterismo vesical: Concepto, indicaciones y contraindicaciones del sondaje vesical

1. ¿Qué incontinencia está relacionada con partos laboriosos o con histerectomía?

a) Incontinencia paradójica.
b) Incontinencia de esfuerzo.
c) Incontinencia funcional.
d) Incontinencia yatrogénica.

2. Se denomina inestabilidad vesical primaria a la incontinencia:

a) Funcional.
b) De tensión.
c) Por rebosamiento.
d) Síndrome de urgencia-incontinencia.

3. Es sinónimo de incontinencia urinaria por rebosamiento:

a) Incontinencia paradójica.
b) Incontinencia de esfuerzo.
c) Incontinencia funcional.
d) Incontinencia de estrés.

4. ¿Cómo se denomina la incontinencia que se manifiesta por el rebosamiento de la orina (gota a gota) por hiperpresión vesical a consecuencia de uropatía obstructiva inferior?

a) Incontinencia funcional.
b) Incontinencia de tensión.
c) Incontinencia por rebosamiento.
d) Síndrome de urgencia-incontinencia.

5. La incapacidad física o falta de ganas para acudir al cuarto de baño a tiempo se denomina incontinencia:

a) Funcional.
b) De tensión.
c) Por rebosamiento.
d) Total.

6. ¿Qué factor está relacionado con la incontinencia total?

a) Estados vesicales inflamatorios
b) Cirugía pélvica radical.
c) Lesión tisular por cistitis por radiación.
d) Neuropatía que impide la transmisión del reflejo vesical.

7. ¿Qué exploración es la encargada de la inspección de la zona perianal y de las mucosas genitales externas?

a) Examen rectal.
b) Exploración urinaria.
c) Exploración abdominal.
d) Exploración genitourinaria.

8. ¿Qué exploración es la encargada de la búsqueda de presencia de globo vesical?

a) Examen rectal.
b) Exploración genital.
c) Exploración abdominal.
d) Exploración genitourinaria.

9. ¿Qué prueba identifica la hiper o hipoactividad de la vejiga?

a) Citoscopia.
b) Cistouretrografia miccional.
c) Flujometría de orina.
d) Cistometría.

10. ¿Qué prueba identifica las lesiones estructurales de la vejiga y uretra?

a) Citoscopia.
b) Cistouretrografia miccional.
c) Perfil de presión cistouretral.
d) Cistometría.

11. ¿Qué pañales son elásticos?

a) Pañales Anatómicos.
b) Pañales Fisiológicos.
c) Pañales Rectangulares.
d) Bragas pañal.

12. ¿Qué talla poseerá un pañal con una medida de cintura de 70-125 cm?

a) Muy pequeña.
b) Pequeña.
c) Mediana.
d) Grande.

13. ¿Qué talla poseerá un pañal con una medida de cadera de 110-150 cm?

a) Muy pequeña.
b) Pequeña.
c) Mediana.
d) Grande.

14. ¿Qué pañales se recomiendan a un paciente ambulante con incontinencia severa?

a) Anatómicos (con o sin elástico) y de día.
b) Rectangulares o anatómicos y absorción ligera.
c) Rectangulares o anatómicos y de día.
d) Anatómicos (con o sin elástico) y de noche.

15. El aumento anormal de la concentración sanguínea en los productos de Desecho nitrogenados se denomina:

a) Azoemia.
b) Acreatinemia.
c) Lipasemia.
d) Uricemia.

16. El aumento anormal de la concentración sanguínea en los productos de desecho nitrogenados se denomina:

a) Azoemia.
b) Acreatinemia.
c) Lipasemia.
d) Uricemia.

17. ¿Cómo se denomina la segunda fase de una insuficiencia renal aguda?

a) Oligúrica.
b) Anúrica.
c) Diurética.
d) De recuperación.

18. ¿Qué sondas de estas no es de una vía?

a) Malecot.
b) Pezzet.
c) Foley.
d) Robinson.

19. Las sondas vesicales de lavado continuo son las sondas de:

a) Malecot.
b) Pezzet.
c) Foley.
d) Robinson.

20 Las sondas de Foley son:

a) Blandas.
b) Duras.
c) Rígidas.
d) Semirrígidas.

En MADTEST tienes **más preguntas de este tema**, y todos tus avances quedan registrados y se reflejan en el ranking.

¡Supera tus límites con MADTEST!

Solución al test n.º 37

1. b) Incontinencia de esfuerzo.

2. d) Síndrome de urgencia-incontinencia.

3. a) Incontinencia paradójica.

4. c) Incontinencia por rebosamiento.

5. a) Funcional.

6. d) Neuropatía que impide la transmisión del reflejo vesical.

7. d) Exploración genitourinaria.

8. c) Exploración abdominal.

9. d) Cistometría.

10. a) Citoscopia.

11. d) Bragas pañal.

12. c) Mediana.

13. d) Grande.

14. d) Anatómicos (con o sin elástico) y de noche.

15. a) Azoemia.

16. a) Azoemia.

17. c) Diurética.

18. c) Foley.

19. c) Foley.

20. a) Blandas.

Valoración y cuidados de Enfermería a personas con problemas endocrinológicos: Diabetes. Otros problemas. Procedimientos y técnicas de enfermería

1. La prueba de Screening admitida para detectar la diabetes en la población general es:

a) El test de O´Sullivan.
b) Determinación de glucosa plasmática en ayunas.
c) Test de sobrecarga oral de glucosa (SOC).
d) Determinación de glucosa plasmática al azar.

2. Se considera dentro de la normalidad, cuando la hemoglobina glicada o glucosilada (HbA1C) está por debajo de:

a) 6.
b) 7.
c) 8.
d) 9.

3. Para valorar la reserva pancreática de un paciente diabético se realiza la prueba denominada:

a) Determinación de la hemoglobina glicada o glucosilada (HbA1C).
b) Determinación del Péptido C.
c) Perfil glucémico.
d) Wester Blood.

4. ¿Cuál es la sintomatología típica que presentan las personas que debutan con Diabetes mellitus del tipo I?

a) Polaquiuria, polifagia y disuria.
b) Antropofagia, anuria y polidipsia.

c) Signo de descompensación hiperosmolar (alucinaciones, nistagmo, obnubilación, etc.).

d) Polidipsia, polifagia y poliuria.

5. ¿Cuál de las siguientes situaciones patológicas es una complicación aguda de la Diabetes mellitus?

a) Descompensación hiperosmolar.

b) Nefropatía diabética.

c) Cetoacidosis diabética.

d) Las opciones a) y c) son correctas.

6. Si un paciente que está diagnosticado de Diabetes mellitus tipo I presenta un tipo de respiración denominada de Kussmaul pensaremos que estamos ante una complicación aguda denominada:

a) Descompensación hiperosmolar.

b) Cetoacidosis diabética.

c) Acidosis láctica.

d) Hipoglucemia.

7. Atendiendo a la gravedad, una hipoglucemia que se caracteriza por una necesidad de alimento es:

a) Una hipoglucemia asintomática.

b) Una hipoglucemia leve.

c) Una hipoglucemia moderada.

d) Una hipoglucemia grave.

8. La hiperglucemia reactiva a una hipoglucemia como resultado del incremento de las hormonas contrarreguladoras se denomina:

a) Fenómeno del alba.

b) Luna de miel.

c) Efecto somogy.

d) Ninguna es correcta.

9. Las principales causas de morbimortalidad en diabéticos son las enfermedades:

a) Respiratorias.

b) Metabólicas.

c) Cardiovasculares.

d) Neurológicas.

10. Entre las recomendaciones para prevenir el riesgo cardiovascular en el enfermo de diabetes, la glucemia basal deberá estar entre:

a) 130-180 mg/dl.
b) 120-160 mg/dl.
c) 110-140 mg/dl.
d) 70-130 mg/dl.

11. Entre las recomendaciones para prevenir el riesgo cardiovascular en el enfermo de diabetes, la HBA1c se mantiene:

a) Inferior a 10%.
b) Inferior a 9%.
c) Inferior a 8%.
d) Inferior a 7%.

12. La enfermedad ocular más frecuente y grave que aparece en el paciente diabético es:

a) La retinopatía.
b) Glaucoma crónico simple.
c) Catarata.
d) Neuritis óptica isquémica idiopática.

13. La principal causa de enfermedad renal en el mundo occidental es la denominada:

a) Pielonefritis diabética.
b) Insuficiencia renal aguda diabética.
c) Nefropatía diabética.
d) Neuropatía diabética.

14. La forma más frecuente de polineuropatía diabética es la denominada:

a) Mononeuritis diabética.
b) Amiotrofia diabética.
c) Polineuritis diabética.
d) Neuropatía por atrapamiento.

15. ¿Cuál de los siguientes microorganismos es más probable que sea responsable de la infección de una úlcera por pie diabético?

a) Pseudomona.
b) Neisseria.
c) Treponema pallidum.
d) Shigella.

16. El grado más avanzado de pie neurótico que constituye una forma severa de osteoartrosis con destrucción de diferentes articulaciones recibe el nombre de:

a) Artropatía de Semmes.
b) Artropatía de Weinstein.
c) Artropatía de Charcot.
d) Artropatía de Wagner.

17. Cuando llevamos a cabo la valoración de un pie diabético y utilizamos un monofilamento de Semmes-Weinstein estamos realizando:

a) La exploración de neuropatía sensitiva.
b) La exploración de neuropatía motora.
c) La exploración de angiopatía.
d) La exploración del estado de la piel.

18. Cuando llevamos a cabo la valoración de un pie diabético y procedemos a la palpación del pulso pedio y a la medición de la presión sistólica en el tobillo y el dedo estamos explorando:

a) La parte motora.
b) La parte sensitiva.
c) La presencia de angiopatía.
d) El estado de la piel.

19. Cuando sometemos a una herida de un pie de un diabético de larga duración a la clasificación de Wagner y vemos que presenta una gangrena localizada, ¿cuál sería el grado de afectación?

a) II.
b) III.
c) IV.
d) I.

20. ¿Cuál de los siguientes procedimientos es el mejor tratamiento de los pies diabéticos?

a) Desbridamiento quirúrgico.
b) Curas locales.
c) Tratamiento antibiótico de amplio espectro.
d) Prevención.

En MADTEST tienes **más preguntas de este tema**, y todos tus avances quedan registrados y se reflejan en el ranking.

¡Supera tus límites con MADTEST!

Solución al test n.º 38

1. b) Determinación de glucosa plasmática en ayunas.

2. a) 6.

3. b) Determinación del Péptido C.

4. d) Polidipsia, polifagia y poliuria.

5. d) Las opciones a) y c) son correctas.

6. b) Cetoacidosis diabética.

7. b) Una hipoglucemia leve.

8. c) Efecto somogy.

9. c) Cardiovasculares.

10. d) 70-130 mg/dl.

11. d) Inferior a 7%.

12. a) La retinopatía.

13. c) Nefropatía diabética.

14. c) Polineuritis diabética.

15. a) Pseudomona.

16. c) Artropatía de Charcot.

17. a) La exploración de neuropatía sensitiva.

18. c) La presencia de angiopatía.

19. c) IV.

20. d) Prevención.

Valoración y cuidados de Enfermería a personas con problemas en el sistema músculo-esquelético. Principales problemas del aparato locomotor. Procedimientos de enfermería: Vendajes, inmovilizaciones y otras técnicas

1. ¿Cuál de los siguientes enunciados no es correcto en relación con la artritis reumatoide?

a) Es de etiología desconocida.
b) La prevalencia de esta enfermedad es del 5% de la población general.
c) Afecta a las mujeres en una proporción 3 a 1 respecto a los hombres.
d) Afecta predominantemente a las articulaciones periféricas.

2. ¿Cómo se denomina a la enfermedad crónica, sistémica, de etiología desconocida, que afecta predominantemente a las articulaciones periféricas produciendo una sinovitis inflamatoria con distribución simétrica, y se caracteriza por producir destrucción del cartílago con erosiones óseas y deformidades articulares en fases tardías?

a) Artritis séptica.
b) Artritis reumatoide.
c) Artritis reactiva.
d) Espondilitis anquilosante.

3. ¿Cuál de las siguientes manifestaciones clínicas extraarticulares no es propia de la artritis reumatoide?

a) Pericarditis.
b) Uretritis.
c) Queratoconjuntivitis.
d) Derrame pleural.

4. ¿Cuál de los siguientes enunciados no representa una intervención de enfermería adecuada en la artritis reumatoide?

a) Instruir al paciente sobre la necesidad de llevar a cabo ejercicios isométricos y contra resistencia.

b) Dormir en un colchón blando, poniendo una almohada bajo las rodillas.

c) Mitigar el estrés emocional con técnicas de relajación.

d) Controlar el dolor y reducir la inflamación, utilizando calor húmedo y/o compresas frías.

5. ¿Cómo se denomina a la enfermedad que se produce como resultado de los trastornos mecánicos que desestabilizan el normal acoplamiento entre la degradación y la síntesis de los condrocitos del cartílago articular, la matriz extracelular, y el hueso subcondral, y constituye la artropatía más frecuente en los países desarrollados?

a) Fibromialgia reumática.

b) Enfermedad de Paget.

c) Artrosis.

d) Osteoporosis.

6. ¿Cuál es el factor de riesgo que más influye en la aparición y progresión de la artrosis?

a) El sexo.

b) La obesidad.

c) La edad.

d) La raza.

7. ¿Cuál de los siguientes enunciados, referidos a la artrosis de la columna vertebral, no es correcto?

a) La clínica neurológica es más frecuente en la columna lumbar.

b) Puede aparecer dolor radicular por la compresión de las raíces nerviosas por osteofitos o por el prolapso.

c) Los síntomas más importantes son el dolor y la rigidez de la zona paravertebral afecta.

d) Afecta a los discos intervertebrales, al cuerpo vertebral y a las articulaciones interapofisiarias.

8. ¿En qué forma clínica de la artrosis es característico el engrosamiento progresivo del dorso de la articulación, formando los llamados "nódulos de Heberden"?

a) Artrosis de las articulaciones interfalángicas distales.

b) Artrosis de las interfalángicas proximales.

c) Artrosis del hombro, artrosis glenohumeral.
d) Artrosis metatarsofalángica.

9. ¿Cuál de los siguientes enunciados no corresponde con una de las líneas de tratamiento de la artrosis?

a) Administración de paracetamol.
b) Fisioterapia.
c) Tratamiento quirúrgico.
d) Administración de corticoides sistémicos.

10. ¿Qué enfermedad se caracteriza por la disminución generalizada de la masa ósea por unidad de volumen, lo que motiva un adelgazamiento de la parte más compacta y una reducción del número y tamaño de trabéculas óseas, siendo el hueso restante normal?

a) Osteomalacia.
b) Enfermedad de Paget.
c) Lupus eritematoso.
d) Osteoporosis.

11. ¿Cómo se denomina al tipo de fractura característica en niños, en la que un lado del hueso se rompe y el otro se dobla?

a) Oblicua.
b) Epifisiaria.
c) En tallo verde.
d) Segmentaria.

12. ¿Cómo se denomina al tipo de fractura que se produce por la tracción que ejerce un ligamento o tendón sobre el hueso afectado?

a) Fractura por arrancamiento.
b) Fractura impactada.
c) Fractura con avulsión.
d) Fractura con hundimiento.

13. ¿Cómo se denomina una fractura que ocurre en la línea de unión de la epífisis con la diáfisis, se acompaña de salida del hueso por la piel o mucosa a través de una herida de unos 2 cm y presenta un aspecto limpio?

a) Epifisiaria, incompleta.
b) Diafisiaria contaminada.
c) Epifisiaria, abierta de II grado.
d) Completa de III grado.

14. La curación de un hueso fracturado comprende cinco fases básicas. ¿Cuál es la secuencia de estas fases?

a) Formación del hematoma, proliferación celular, formación del callo, osificación y consolidación y remodelado.

b) Proliferación celular, formación del hematoma, formación del callo, consolidación y remodelado y osificación.

c) Formación del hematoma, formación del callo, osificación, proliferación celular, y consolidación y remodelado.

d) Formación del hematoma, formación del callo, consolidación y remodelado, osificación y proliferación celular.

15. ¿En qué fase del proceso de curación de un hueso fracturado se forma la malla de fibrina?

a) Proliferación celular.

b) Osificación.

c) Formación del hematoma.

d) Formación del callo.

16. De todas las complicaciones posibles de las fracturas óseas que enunciamos a continuación, señala cuál es una complicación tardía:

a) Síndrome compartimental.

b) Shock.

c) Osteonecrosis.

d) Embolia grasa.

17. Los esguinces son lesiones ligamentosas que se producen al ser forzadas las articulaciones más allá de sus posibilidades normales. ¿Qué tipo de esguince es aquel en el que se han roto, menos del 50% de las fibras y en el que la articulación sigue estable?

a) Grado I.

b) Grado II.

c) Grado III.

d) Grado IV.

18. ¿Cómo se denomina el tipo de vendaje que se utiliza habitualmente para vendar los miembros y en el que cada vuelta se superpone parcialmente a la anterior?

a) Vendaje en espiral.

b) Vendaje en vuelta circular.

c) Vendaje en ocho.

d) Vendaje en espiral invertida.

19. El campo de utilización del vendaje funcional es:

a) El deportivo, en los demás campos no es necesario realizarlos.
b) Se colocan vendajes funcionales en todos los esguinces de tobillo.
c) En problemas neurológicos nunca se colocan vendajes funcionales.
d) Todas las respuestas anteriores son falsas.

20. ¿Qué elemento es crucial para evitar la aparición de úlceras por presión en pacientes inmovilizados con yeso?

a) Aplicar vendajes apretados para mayor sujeción.
b) Usar materiales rígidos sin acolchado.
c) Proporcionar un acolchado adecuado y evitar arrugas en la venda.
d) No permitir la movilidad del paciente durante el tratamiento.

En MADTEST tienes **más preguntas de este tema**, y todos tus avances quedan registrados y se reflejan en el ranking.

¡Supera tus límites con MADTEST!

Solución al test n.º 39

1. b) La prevalencia de esta enfermedad es del 5% de la población general.

2. b) Artritis reumatoide.

3. b) Uretritis.

4. b) Dormir en un colchón blando, poniendo una almohada bajo las rodillas.

5. c) Artrosis.

6. c) La edad.

7. a) La clínica neurológica es más frecuente en la columna lumbar.

8. a) Artrosis de las articulaciones interfalángicas distales.

9. d) Administración de corticoides sistémicos.

10. d) Osteoporosis.

11. c) En tallo verde.

12. a) Fractura por arrancamiento.

13. c) Epifisiaria, abierta de II grado.

14. a) Formación del hematoma, proliferación celular, formación del callo, osificación y consolidación y remodelado.

15. c) Formación del hematoma.

16. c) Osteonecrosis.

17. b) Grado II.

18. a) Vendaje en espiral.

19. d) Todas las respuestas anteriores son falsas.

20. c) Proporcionar un acolchado adecuado y evitar arrugas en la venda.

TEST N.º 40

Valoración y cuidados de Enfermería a personas con problemas gastrointestinales. Abdomen agudo, Úlcera gastroduodenal. Otros problemas gastrointestinales. Procedimientos y técnicas de enfermería

1. ¿Cuál de las siguientes acciones es una función de la saliva?

a) Actúa como lubricante de los alimentos gracias a la presencia de moco.
b) Actúa iniciando la digestión (hidrólisis de los hidratos de carbono).
c) Actúa como un importante bactericida gracias a la presencia de lisozima.
d) Todas son correctas.

2. ¿Cuál de las siguientes enzimas podemos encontrar normalmente en la saliva?

a) Pepsinógeno.
b) Gastrina.
c) Amilasa.
d) Pepsina.

3. De los siguientes tipos de células, ¿cuáles son las encargadas de producir el denominado factor intrínseco de Castle?

a) Células parietales.
b) Células principales.
c) Células duodenales.
d) Células secundarias.

4. ¿Cuál de las siguientes características que podemos observar sobre la bilis es incorrecta?

a) La bilis es una secreción elaborada en el hígado.
b) Se almacena en las vesículas biliares.
c) La vesícula biliar libera la bilis por la acción de la prolactina y la colecistocinina.
d) Las sales biliares actúan como emulsionante de las grasas.

5. ¿Cuál de las siguientes características de los factores implicados en la formación de la úlcera péptica no es correcta?

a) Secreción de ácido y pepsina más importante en las úlceras gástricas.
b) H. Pylori está presente en el 100% de las úlceras duodenales y en el 10% de las gástricas.
c) Reflujo duodenogástrico más importante en las úlceras gástricas.
d) El tabaco es el principal factor de riesgo, aunque por mecanismo desconocido.

6. Un paciente al que sometemos a una gastrectomía presentará carencias vitamínicas por falta de:

a) Vitamina B1.
b) Vitamina C.
c) Vitamina B12.
d) Vitamina A.

7. Al inspeccionar las heces de un paciente diagnosticado de obstrucción biliar sin ninguna otra complicación podemos encontrar:

a) Unas heces negras.
b) Unas heces pálidas.
c) Unas heces blancas.
d) Unas heces verdes.

8. De los siguientes alimentos, ¿cuál no proporcionarías a una persona con estreñimiento?

a) Verduras.
b) Arroz.
c) Hortalizas.
d) Pan integral.

9. El tiempo recomendable para que el paciente retenga la solución irrigada en un enema de limpieza es:

a) 5 a 10 minutos.
b) 15 a 20 minutos.
c) 25 a 30 minutos.
d) Una hora.

10. Entre las contraindicaciones que podemos encontrar a la hora de hacer un lavado gástrico, ¿cual es incorrecta?

a) Si el tóxico ingerido es un cáustico.
b) Cuando el enfermo esté convulsionando o en coma.

c) En niños menores de 6 años.
d) Cuando la paciente esté embarazada.

11. Cuando al inspeccionar unas heces estas se presentan de un color negro, de consistencia pegajosa y con mal olor decimos que son:

a) Producto de una hematemesis.
b) Melenas.
c) Producto de una rectorragia.
d) Hematoquecia.

12. Cuando se presenta una hematemesis estamos ante un hemorragia digestiva, ¿a qué nivel la localizamos?

a) Hemorragia digestiva alta.
b) Hemorragia digestiva baja.
c) Por debajo del ligamento de Treitz.
d) Hemorragia digestiva media.

13. Ante un paciente con sospecha de apendicitis aguda, le comprimimos la fosa ilíaca izquierda y aparece dolor en la fosa ilíaca derecha. ¿Cómo se denomina este signo?

a) Signo de Murphy.
b) Signo de Rovsing.
c) Signo de Psoas.
d) Signo de Blumberg.

14. Si se sospecha que un paciente que acude a urgencias puede tener una cole-cistitis, ¿cuál de las siguientes maniobras de valoración diagnósticas emplearemos?

a) Signo de Murphy.
b) Signo de Rovsing.
c) Signo de Psoas.
d) Signo de Blumberg.

15. El dolor abdominal referido como permanente (aunque no necesariamente intenso) y que es el tipo de procesos que cursan con distensión e isquemia se cono-ce como tipo:

a) Cólico.
b) Urente.
c) Tónico.
d) Abrasivo.

16. La patología caracterizada por una obstrucción de los intestinos debido a una torsión de un asa intestinal alrededor de su mesenterio se denomina:

a) Enfermedad de Crohn.
b) Vólvulo.
c) Peritonitis.
d) Diverticulitis.

17. ¿Cuál de las siguientes patologías puede originar un cuadro de abdomen agudo?

a) Neumonía.
b) Aneurisma de aorta.
c) Pericarditis.
d) Todas pueden producir abdomen agudo.

18. ¿Cuál de los siguientes síntomas es el más característico de los cuadros de abdomen agudo?

a) Vómitos.
b) Diarreas.
c) Aumento del peristaltismo intestinal.
d) Dolor abdominal.

19. La velocidad de aparición del dolor en los cuadros de abdomen agudo:

a) Puede ayudar a hacer un primer diagnóstico.
b) Es un síntoma con relativa escasa importancia.
c) Es un indicador de la necesidad de analgesia.
d) Es un indicador inequívoco del origen quirúrgico del abdomen agudo.

20. La causa más frecuente de hemorragia digestiva alta es:

a) Tumores esofágicos.
b) Lesiones agudas de la mucosa gástrica.
c) Varices esofágicas.
d) Úlcera péptica.

En MADTEST tienes **más preguntas de este tema**, y todos tus avances quedan registrados y se reflejan en el ranking.

¡Supera tus límites con MADTEST!

Solución al test n.º 40

1. d) Todas son correctas.

2. c) Amilasa.

3. a) Células parietales.

4. c) La vesícula biliar libera la bilis por la acción de la prolactina y la colecistocinina.

5. a) Secreción de ácido y pepsina más importante en las úlceras gástricas.

6. c) Vitamina B12.

7. c) Unas heces blancas.

8. b) Arroz.

9. a) 5 a 10 minutos.

10. c) En niños menores de 6 años.

11. b) Melenas.

12. a) Hemorragia digestiva alta.

13. b) Signo de Rovsing.

14. a) Signo de Murphy.

15. c) Tónico.

16. b) Vólvulo.

17. d) Todas pueden producir abdomen agudo.

18. d) Dolor abdominal.

19. a) Puede ayudar a hacer un primer diagnóstico.

20. d) Úlcera péptica.

TEST N.º 41

Valoración y cuidados de Enfermería a personas con problemas de los órganos de los sentidos: Principales problemas. Procedimientos y técnicas de enfermería

1. El dolor de origen estrictamente otológico y debido a alteraciones patológicas de este órgano, se denomina:

a) Cofosis.
b) Otodinia.
c) Otorrea.
d) Ninguna de las respuestas anteriores es correcta.

2. La otorrea de líquido transparente, que resbala sobre la superficie de un cristal inclinado, se denomina:

a) Otorrea purulenta.
b) Otorrea mucosa.
c) Otolicuorrea.
d) Otorragia.

3. Ante una hipoacusia como único síntoma, la otoscopia puede poner de manifiesto la existencia de:

a) Retracción timpánica.
b) Cuerpo extraño.
c) Síndrome de Ménière.
d) Las respuestas a) y b) son correctas.

4. El prurito ótico persistente suele ir acompañado de:

a) Rosácea.
b) Psoriasis.
c) Dermatitis eccematosa.
d) Pitiriasis versicolor.

5. Respecto a la ototubaritis, señale la opción incorrecta:

a) Conlleva inflamación de la trompa de Eustaquio.
b) Se asocia a grandes cambios de presión.
c) El catarro con afectación de las vías respiratorias altas puede provocarla.
d) Se identifica con la presencia de ruidos en ausencia de estímulos externos.

6. Pseudomonas aeruginosa es el agente etiológico más común de:

a) Otitis externa maligna.
b) Forúnculo.
c) Otitis externa difusa.
d) Otitis necrosante.

7. Una masa expansiva de aspecto blanco nacarado, formada por escamas de queratina en disposición concéntrica rodeada de una matriz epitelial, se corresponde con:

a) Otitis media aguda.
b) Otitis media secretora.
c) Otitis externa.
d) Ninguna de las opciones anteriores es correcta.

8. La pérdida de audición media igual en todas las tonalidades, producida por una atrofia bilateral del estribo, es propia de:

a) Presbiacusia mecánica.
b) Presbiacusia nerviosa.
c) Presbiacusia metabólica.
d) Presbiacusia sensorial.

9. Un audiograma en el que las dos curvas se sitúan por debajo de la normalidad, con un grap que desaparece en las frecuencias agudas, cuya pérdida es mayor de 60 dB, se corresponde con:

a) Audición normal.
b) Hipoacusia de percepción.
c) Hipoacusia de transmisión.
d) Hipoacusia mixta.

10. La otitis externa maligna es:

a) Un carcinoma espinocelular sobreinfectado del oído externo.
b) Un carcinoma basocelular sobreinfectado del oído externo.
c) La enfermedad de Bowen sobreinfectada.
d) Un proceso infeccioso que aparece con mayor frecuencia en diabéticos.

11. La conjuntivitis provocada por *Staphilococcus aureus*, asociada a blefaritis y a queratitis marginal se corresponde con:

a) Conjuntivitis tóxica.
b) Conjuntivitis mecánica.
c) Conjuntivitis folicular.
d) Conjuntivitis crónica.

12. Los síntomas más habituales de la conjuntivitis incluyen:

a) Visión borrosa.
b) Sequedad ocular.
c) Picor.
d) Las respuestas a) y c) son correctas.

13. Respecto al manejo de la conjuntivitis, señale la actividad incorrecta:

a) Evitar los apósitos oculares, ya que facilitan el crecimiento bacteriano.
b) Irrigar el ojo para facilitar su limpieza.
c) No compartir ropas, toallas o almohadas.
d) Evitar el frotamiento del ojo para que no se extienda la infección.

14. El glaucoma secundario puede ser debido a:

a) Uveítis.
b) Corticoides.
c) Inflamación.
d) Todas las respuestas anteriores son correctas.

15. El tratamiento del glaucoma de ángulo estrecho no incluye:

a) Acetazolamida.
b) Manitol.
c) Antieméticos.
d) Pilocarpina.

16. Son factores de riesgo para el glaucoma de ángulo abierto:

a) Astigmatismo.
b) Hipermetropía.
c) Miopía.
d) Hipotensión arterial.

17. Respecto al glaucoma, señale la opción incorrecta:

a) El glaucoma de ángulo cerrado se considera una situación de emergencia.
b) El glaucoma es la primera causa de ceguera en los países desarrollados.

c) El glaucoma congénito requiere corrección quirúrgica.

d) El glaucoma de ángulo abierto se caracteriza por su lenta progresión.

18. Respecto a los síntomas de las cataratas, señale la opción incorrecta:

a) Doble visión en un solo ojo.

b) Aumento en la intensidad de los colores.

c) Entorpecimiento de la visión nocturna.

d) Visión nublada o borrosa.

19. En relación con el desprendimiento de retina, señale la opción incorrecta:

a) Sus síntomas incluyen las fotopsias y las miodesopsias.

b) La fotocoagulación previene su aparición en personas de riesgo.

c) El desprendimiento de retina generalmente requiere una causa subyacente.

d) En el postoperatorio, el paciente debe evitar los movimientos bruscos de cabeza.

20. La pérdida de la agudeza visual sin causa, que es más frecuente en niños con estrabismo o anisotropía, debida a la anulación cerebral del ojo de peor visión a fin de facilitarla y hacerla más confortable, se denomina:

a) Presbicia.

b) Astigmatismo.

c) Hipermetropía.

d) Ninguna de las opciones anteriores es correcta.

En MADTEST tienes **más preguntas de este tema**, y todos tus avances quedan registrados y se reflejan en el ranking.

¡Supera tus límites con MADTEST!

Solución al test n.º 41

1. b) Otodinia.

2. c) Otolicuorrea.

3. d) Las respuestas a) y b) son correctas.

4. c) Dermatitis eccematosa.

5. d) Se identifica con la presencia de ruidos en ausencia de estímulos externos.

6. c) Otitis externa difusa.

7. d) Ninguna de las opciones anteriores es correcta.

8. c) Presbiacusia metabólica.

9. d) Hipoacusia mixta.

10. d) Un proceso infeccioso que aparece con mayor frecuencia en diabéticos.

11. d) Conjuntivitis crónica.

12. d) Las respuestas a) y c) son correctas.

13. b) Irrigar el ojo para facilitar su limpieza.

14. d) Todas las respuestas anteriores son correctas.

15. c) Antieméticos.

16. c) Miopía.

17. b) El glaucoma es la primera causa de ceguera en los países desarrollados.

18. b) Aumento en la intensidad de los colores.

19. c) El desprendimiento de retina generalmente requiere una causa subyacente.

20. d) Ninguna de las opciones anteriores es correcta.

Valoración y cuidados de enfermería a personas con problemas oncológicos y hematológicos. Procedimientos y técnicas de enfermería

1. La quimioterapia administrada después de la intervención quirúrgica o de la radiación con la finalidad de disminuir la incidencia de metástasis, se denomina:

a) Quimioterapia paliativa.
b) Teleterapia.
c) Quimioterapia adyuvante.
d) Braquiterapia.

2. La radiación que se emite de forma externa para actuar sobre el tumor dentro del cuerpo del paciente, se denomina:

a) Radioquimioterapia concomitante.
b) Teleterapia.
c) Braquiterapia.
d) Ninguna de las opciones anteriores es correcta.

3. La taquicardia se corresponde con un nivel de ansiedad:

a) Leve.
b) Grave.
c) Moderado.
d) Fóbico.

4. La imposibilidad para la concentración y la distorsión de la realidad, se corresponde con:

a) Ansiedad grave.
b) Estado de pánico.
c) Ansiedad leve.
d) Ninguna de las respuestas anteriores es correcta.

5. Las reacciones emocionales que experimenta el equipo oncológico que atiende al paciente pueden ser debidas a:

a) Fracaso y frustración por ideas equivocadas en el quehacer profesional ideal.
b) El personal se convierte en un depósito de estrés por parte de los pacientes.
c) Se producen fenómenos de reactualización de la propia muerte.
d) Todas las respuestas anteriores son correctas.

6. Los efectos secundarios comunes a la mayoría de los citostáticos, no incluyen:

a) Alopecia.
b) Miocardiopatía.
c) Emesis.
d) Mielosupresión.

7. Los fármacos más emetógenos no incluyen:

a) Metotrexato.
b) Mostaza nitrogenada.
c) Cisplatino.
d) Actinomicina D.

8. La toxicidad renal es debida fundamentalmente a:

a) L-asparraginasa.
b) Ciclofosfamida.
c) Cisplatino.
d) 5-fluorouracilo.

9. La alopecia es producida fundamentalmente por:

a) Alcaloides vegetales.
b) Ifosfamida.
c) Ciclofosfamida.
d) Todas las respuestas anteriores son correctas.

10. La neurotoxicidad periférica es producida fundamentalmente por:

a) 5-fluorouracilo.
b) Texol.
c) Metotrexato.
d) Ifosfamida.

11. La principal indicación de la mecloretamina es el tratamiento de:

a) Sarcoma osteogénico.
b) Carcinoma de los islotes pancreáticos.

c) Enfermedad de Hodgkin.
d) Tumores del SNC.

12. Químicamente, la tioguanina se incluye en el grupo de:

a) Nitrosoureas.
b) Análogos de las purinas.
c) Antraciclina.
d) Ninguna de las opciones anteriores es correcta.

13. La ifosfamida se incluye en el grupo de:

a) Antimetabolitos.
b) Alcaloides de las plantas.
c) Antimetabolitos antitumorales.
d) Ninguna de las respuestas anteriores son correctas.

14. El etopósido se incluye en el grupo de:

a) Antibióticos antitumorales.
b) Alcaloides de las plantas.
c) Cisplatino y derivados.
d) Agentes alquilantes.

15. La mitomicina C está indicada fundamentalmente en:

a) Carcinoma gástrico.
b) Leucemia mieloide crónica.
c) Sarcoma de Kaposi.
d) Carcinoma microcítico de pulmón.

16. La dacarbacina tiene como principales indicaciones:

a) Melanoma maligno.
b) Cáncer de páncreas.
c) Cáncer colorrectal.
d) Cáncer de ovario.

17. Los antibióticos antitumorales incluyen:

a) Antracenodionas.
b) Alcaloides de la vinca.
c) Texanos.
d) Todas las respuestas anteriores son correctas.

18. El principal efecto secundario del clorambucilo es:

a) Disfunción cerebelosa.
b) Toxicidad pulmonar.
c) Mielosupresión.
d) Dolor pleurítico.

19. La suramina está indicada en:

a) Linfoma no Hodgkin.
b) Cáncer renal.
c) Cáncer colorrectal.
d) Las respuestas a) y b) son correctas.

20. Los efectos secundarios más característicos del irinotecan son:

a) Diarrea.
b) Retención hídrica.
c) Mucositis.
d) Ninguna de las opciones anteriores es correcta.

En MADTEST tienes **más preguntas de este tema**, y todos tus avances quedan registrados y se reflejan en el ranking.

¡Supera tus límites con MADTEST!

Solución al test n.º 42

1. c) Quimioterapia adyuvante.

2. b) Teleterapia.

3. c) Moderado.

4. b) Estado de pánico.

5. d) Todas las respuestas anteriores son correctas.

6. b) Miocardiopatía.

7. a) Metotrexato.

8. c) Cisplatino.

9. d) Todas las respuestas anteriores son correctas.

10. b) Texol.

11. c) Enfermedad de Hodgkin.

12. b) Análogos de las purinas.

13. d) Ninguna de las respuestas anteriores son correctas.

14. b) Alcaloides de las plantas.

15. a) Carcinoma gástrico.

16. a) Melanoma maligno.

17. a) Antracenodionas.

18. c) Mielosupresión.

19. d) Las respuestas a) y b) son correctas.

20. a) Diarrea.

TEST N.º 43

Clasificación general de los medicamentos: Absorción y eliminación de los fármacos. Toxicidad y efectos colaterales. Farmacovigilancia. Condiciones de conservación de los medicamentos. Administración de los medicamentos: Precauciones previas a la administración de un fármaco. Vías de administración: Definición y tipos. Puntos de elección, técnicas y problemas más frecuentes. Cálculo de dosis. Manipulación de citostáticos. Administración de medicamentos en el domicilio: Vigilancia de los pacientes polimedicados

1. El grado en que un fármaco alcanza su sitio de acción o un líquido biológico desde el cual tiene acceso a su sitio de acción, se denomina:

a) Disolución.
b) Disgregación.
c) Biodisponibilidad.
d) Solución.

2. ¿En qué mecanismo de paso de un medicamento a través de la membrana celular se requiere gasto energético?

a) Difusión pasiva.
b) Difusión facilitada.
c) Transporte activo.
d) Son ciertas b y c.

3. Señala la opción incorrecta. Respecto a la eliminación renal de un fármaco:

a) Es la vía de más frecuencia e importancia en la eliminación de los medicamentos.
b) No existe una relación importante entre el pH de la orina y la eliminación de fármacos.

c) La velocidad dependerá de la intensidad con que participen los distintos mecanismos; es decir, cuando a la filtración se le suma la secreción tubular y está impedida la reabsorción, el aclaramiento del fármaco será máximo.

d) La eliminación de medicamentos básicos o alcalinos aumenta si la orina es ácida.

4. ¿Cómo se denomina a cualquier reacción adversa cuya naturaleza, gravedad o consecuencias no sean coherentes con la información descrita en la ficha técnica del medicamento?

a) Reacción adversa Aleatoria.
b) Reacción adversa Inesperada.
c) Reacción adversa Grave.
d) Reacción adversa Accidental.

5. ¿Cómo se denomina al formulario necesario para la notificación de sospechas de reacciones adversas cuyo formato puede ser en papel o electrónico?

a) Formulario de adversidades.
b) Formulario rojo.
c) Formulario gris.
d) Formulario amarillo.

6. ¿Qué dato no aparece en la fecha de caducidad de los medicamentos?

a) Año.
b) Mes.
c) Día.
d) Aparecen todos los anteriores.

7. Actualmente, y siguiendo indicaciones de la OMS, se considera que todos los medicamentos tienen una vigencia máxima de...

a) 2 años.
b) 5 años.
c) 7 años.
d) 10 años.

8. ¿Dónde se deben guardar los medicamentos termolábiles, y a qué y temperatura? Se deben guardar en...

a) Ningún lugar especial, a temperatura ambiente.
b) Refrigeradores (frigoríficos), a temperatura entre 2º a 8º C.
c) Congeladores, a temperatura entre -18º a -22º C.
d) Supercongeladores, a temperatura entre -40º a -60º C.

9. ¿Qué se entiende por aquella situación en la que los pacientes reciben la medicación adecuada a sus necesidades clínicas, en las dosis correspondientes a sus requisitos individuales, durante un periodo de tiempo adecuado y al menor coste posible para ellos y para la comunidad?

a) Prescripción razonada de fármacos.
b) Uso racional de medicamentos.
c) Empleo eficaz de medicamentos.
d) Nada de lo anterior es cierto.

10. ¿En qué normativa se regula la prestación farmacéutica, donde se aprueba el texto refundido de la Ley de garantías y uso racional de los medicamentos y productos sanitarios?

a) Real Decreto 782/2013.
b) Real Decreto legislativo 1/2015.
c) Orden SCO/2874/2007.
d) Real Decreto 1910/1984.

11. ¿Qué grupos de edad son más sensibles a los medicamentos?

a) Niños.
b) Adultos no ancianos.
c) Ancianos.
d) Son a y c.

12. ¿Cómo se consideran las «premezclas para piensos medicamentosos» elaboradas para ser incorporadas a un pienso?

a) Medicamentos de uso humano.
b) Medicamentos de uso veterinario.
c) Medicamentos de terapia génica.
d) Medicamentos de origen humano.

13. Aquella materia que, incluida en las formas galénicas, se añade a los principios activos o a sus asociaciones para servirles de vehículo, posibilitar su preparación y estabilidad, modificar sus propiedades organolépticas o determinar las propiedades físico-químicas del medicamento y su biodisponibilidad, se denomina:

a) Principio activo.
b) Coadyuvante.
c) Excipiente.
d) Principio pasivo.

14. Un cosmético puede ser:

a) Forma farmacéutica de un principio activo o placebo, que se investiga o se utiliza como referencia en un ensayo clínico.

b) Medicamento destinado a un paciente individualizado, preparado por un farmacéutico, o bajo su dirección, para cumplimentar expresamente una prescripción facultativa detallada y dispensado en oficina de farmacia.

c) Toda sustancia o preparado destinado a ser puesto en contacto con las diversas partes superficiales del cuerpo humano, con el fin exclusivo de perfumarlos.

d) Nada de lo anterior puede ser cierto.

15. ¿Qué es falso respecto de las reacciones alérgicas a medicamentos?

a) Es una respuesta desfavorable o no deseada.

b) Es una respuesta física de nuestro organismo.

c) Es un efecto no farmacológico.

d) Es lo mismo reacción adversa que reacción alérgica.

16. ¿Cuál suele ser un inconveniente de la administración de fármacos por vía oral, que se hace inadecuada en urgencias?

a) Incómodos.

b) Caros.

c) Absorción lenta.

d) Inseguros.

17. Cuando un fármaco se administra sobre la piel o las mucosas se hace por vía:

a) Sistémica.

b) Cutánea.

c) Parenteral.

d) Tópica.

18. De las siguientes, ¿qué administración no es tópica?

a) Administración de gotas nasales.

b) Administración de pomadas oculares.

c) Administración de inhaladores.

d) Administración de gotas óticas.

19. ¿Qué vía no es parenteral directa?

a) Intravenosa.

b) Intralinfática.

c) Intraarticular.
d) Son todas parenterales directas.

20. ¿Cuál es el motivo por el que se evita la perfusión venosa en las piernas de medicamentos?

a) No existe ningún motivo, y se hace habitualmente en la práctica.
b) Mayor riesgo de infecciones.
c) Mayor riesgo de hemorragias.
d) Mayor riesgo de tromboflebitis.

En MADTEST tienes **más preguntas de este tema**, y todos tus avances quedan registrados y se reflejan en el ranking.

¡Supera tus límites con MADTEST!

Solución al test n.º 43

1. c) Biodisponibilidad.

2. c) Transporte activo.

3. b) No existe una relación importante entre el pH de la orina y la eliminación de fármacos.

4. b) Reacción adversa Inesperada.

5. d) Formulario amarillo.

6. c) Día.

7. b) 5 años.

8. b) Refrigeradores (frigoríficos), a temperatura entre 2º a 8º C.

9. b) Uso racional de medicamentos.

10. b) Real Decreto legislativo 1/2015.

11. d) Son a y c.

12. b) Medicamentos de uso veterinario.

13. c) Excipiente.

14. c) Toda sustancia o preparado destinado a ser puesto en contacto con las diversas partes superficiales del cuerpo humano, con el fin exclusivo de perfumarlos.

15. d) Es lo mismo reacción adversa que reacción alérgica.

16. c) Absorción lenta.

17. d) Tópica.

18. c) Administración de inhaladores.

19. c) Intraarticular.

20. d) Mayor riesgo de tromboflebitis.

Conceptos básicos en seguridad del paciente Proyecto SÉNECA. Estándares de calidad de cuidados para la seguridad de pacientes en los hospitales

1. La seguridad del paciente se entiende como:

a) El coste ocasionado por la asistencia sanitaria.
b) El error ocasionado por los profesionales sanitarios.
c) La ausencia, prevención y minimización del daño ocasionado por la asistencia sanitaria.
d) La deficiente organización de los servicios sanitarios.

2. Según la OMS, la definición de seguridad del paciente es:

a) No solo la ausencia de daño innecesario real asociado a la atención integral.
b) La ausencia de un daño innecesario real o potencial asociado a la atención sanitaria.
c) El conjunto de elementos estructurales, procesos, instrumentos y metodologías basadas en Evidencias científicamente comprobadas que buscan minimizar el riesgo de sufrir un evento adverso en el proceso de atención de salud.
d) Todas son correctas.

3. Una lesión no intencionada que se relaciona con el proceso asistencial más que con el estado patológico del paciente, es denominado:

a) Riesgo.
b) Efecto adverso.
c) Peligro.
d) Causa contribuyente.

4. Cita cuál es una causa por la que se puede producir un evento adverso:

a) Por error humano.
b) Por fallos en el sistema.
c) Por agentes externos a la organización.
d) Todas son correctas.

5. La teoría del error humano planteada a través del modelo defensivo del "queso suizo" tiene como autor:

a) Peterson.
b) Reason.
c) Lenninger.
d) Frost.

6. Los errores humanos pos causas involuntarias, pueden ser por:

a) Despiste.
b) Desliz.
c) Lapsus.
d) Todas son correctas.

7. ¿Qué tipo de error humano se produce por fallos de la memoria?

a) Desliz.
b) Despiste.
c) Lapsus.
d) Todos ellos.

8. ¿Qué tipo de error se produce por incumplimiento de normas o procedimientos de seguridad de forma intencionada?

a) Equivocación.
b) Sabotaje.
c) Violación.
d) Negligencia.

9. El modelo del "queso suizo":

a) Explica un accidente como la "superposición o coincidencia de fallas en diferentes niveles de la organización en un mismo momento.
b) En este modelo se representan, como lonchas de queso, las barreras o defensas del sistema sanitario para reducir los riesgos o peligros de las actividades sanitarias y evitar la aparición de un efecto adverso en el paciente.
c) Sus agujeros representan sus imperfecciones.
d) Todas son correctas.

10. Cualquier situación no deseable o factor que pueda contribuir a aumentar la probabilidad de que se produzca, que está en relación con la atención sanitaria recibida y que puede tener consecuencias para la salud del paciente, se denomina:

a) Efecto terapéutico.
b) Peligro.

c) Riesgo.
d) Error.

11. ¿Cuál es el orden lógico para llevar a cabo un ACR?

a) Detección del hecho y búsqueda del responsable.
b) Organización del equipo, detección de los incidentes, recogida de la información, realización del mapa de los hechos, análisis y plan de acción.
c) Detección del hecho, búsqueda del responsable, recopilación de la información, búsqueda de la causa y acciones de mejora.
d) Ninguna es correcta.

12. ¿Cuál de los siguientes se considera un error de medicación?

a) Usar la vía oral para un fármaco intramuscular.
b) Retrasar la administración de una dosis.
c) No valorar las interacciones con otros fármacos.
d) Todas ellas son consideran errores de medicación.

13. Una de las siguientes no es una característica del AMFE:

a) Es un análisis sistemático.
b) Es un análisis esporádico.
c) Es un análisis participativo.
d) Permite la priorización.

14. En la fase del ACR "descripción del suceso" se debe incluir:

a) Descripción de lo sucedido.
b) Descripción de dónde y cuándo ocurrió el evento.
c) Las características del paciente y los profesionales relacionados con el evento.
d) Todas son correctas.

15. Las siglas AMFE, ¿qué significan?

a) Actuaciones modificables de fallos y efectos.
b) Análisis metódico de factores adversos.
c) Análisis modal de fallos y efectos.
d) Actuación modal para fallos y efectos.

16. Dentro de las características del sistema AMFE, ¿qué significado tiene que sea proactivo?

a) Que el análisis se estructura para asegurar la consideración de todos los fallos.
b) Que el análisis evalúa cada modo de fallo asignando una puntación.
c) Que el análisis se realiza en equipo.
d) Que se realiza un análisis *a priori* de los potenciales modos de fallo del proceso o servicio.

17. El índice de prioridad del riesgo en el sistema AMFE es una combinación de:

a) La gravedad, la probabilidad de ocurrencia y la importancia.
b) La probabilidad de ocurrencia, la importancia y la frecuencia.
c) La gravedad, la probabilidad de aparición y la probabilidad de detección.
d) La frecuencia, la importancia y la gravedad.

18. ¿Cuál de las siguientes no es una fase de realización del AMFE?

a) Describir las causas que podrían originar fallos.
b) Calcular el coste.
c) Calcular las prioridades.
d) Implantar acciones de mejora para prevenirlos.

19. Una práctica clínica segura debe ser capaz de conseguir varios objetivos. Indica el que no corresponda:

a) Encontrar las evidencias científicamente comprobadas para el ejercicio de la atención sanitaria.
b) Realizar los procedimientos correctamente y sin errores.
c) Asegurar que los procedimientos se aplican a quien los necesita.
d) Identificar qué procedimientos clínicos, diagnósticos y terapéuticos son los más seguros y eficaces para los pacientes.

20. Para investigar de forma sistemática el entorno y las causas subyacentes de los EA ocurridos, especialmente los sucesos centinela, se realizará un:

a) Análisis DAFO.
b) Análisis Modal de Fallos y Efectos.
c) Análisis de Causa-Raíz.
d) Análisis de los Sistemas Alerta.

En MADTEST tienes **más preguntas de este tema**, y todos tus avances quedan registrados y se reflejan en el ranking.

¡Supera tus límites con MADTEST!

Solución al test n.º 44

1. c) La ausencia, prevención y minimización del daño ocasionado por la asistencia sanitaria.

2. d) Todas son correctas.

3. b) Efecto adverso.

4. d) Todas son correctas.

5. b) Reason.

6. d) Todas son correctas.

7. c) Lapsus.

8. c) Violación.

9. d) Todas son correctas.

10. c) Riesgo.

11. b) Organización del equipo, detección de los incidentes, recogida de la información, realización del mapa de los hechos, análisis y plan de acción.

12. d) Todas ellas son consideran errores de medicación.

13. b) Es un análisis esporádico.

14. d) Todas son correctas.

15. c) Análisis modal de fallos y efectos.

16. d) Que se realiza un análisis *a priori* de los potenciales modos de fallo del proceso o servicio.

17. c) La gravedad, la probabilidad de aparición y la probabilidad de detección.

18. b) Calcular el coste.

19. a) Encontrar las evidencias científicamente comprobadas para el ejercicio de la atención sanitaria.

20. c) Análisis de Causa-Raíz.

Cómo acceder al Curso

Enfermero/a
Test del temario

El uso de los códigos **es exclusivo de los compradores de los productos de Editorial MAD**. Cada producto posee un código único y de un solo uso. Es personal e intransferible y da acceso a servicios y contenidos adicionales. Editorial MAD se reserva el derecho de hacer cuantas comprobaciones sean necesarias para identificar al legítimo poseedor del código y dejar de dar servicio a quien haga uso fraudulento del mismo, además de emprender cuantas acciones legales estime oportunas según la legislación vigente.

Deberás acceder a:

Si una vez aceptadas las condiciones de uso del Campus decides hacer uso del mismo, necesitarás del siguiente código de acceso junto con los códigos del resto de títulos que se exigen (si fuera el caso):

RX2WUQ7PAL